NORA NIEMANN

Du darfst dir selbst am wichtigsten sein

So entdeckst Du jetzt deine **innere Stärke** & gehst ab sofort mit mehr **Leichtigkeit** durch dein Leben

CANNOR VERLAG

Impressum

ISBN: 978-3-00-078659-4

Umschlag, Layout & Satz: schere.style.papier, München
Mitwirkende: Anna Jüsten

Cannor Verlag
Nora Niemann
Wedauer Straße 1 B
45481 Mülheim an der Ruhr
cannorverlag-info@t-online.de

Inhalt

Prolog

Jede Reise beginnt mit dem ersten Schritt und scheinbar ist deine Zeit jetzt gekommen, deine persönliche Reise anzutreten und etwas zu verändern. Manchmal dauert es Jahre, wenn nicht sogar Jahrzehnte, sich zu überwinden, eine Entscheidung zu treffen und ich freue mich, dass du bereit bist, deinem Leben ab sofort mehr Chancen zu geben. Die Liebe zu dir selbst begleitet dich allenfalls durch dein gesamtes Leben und ist etwas ganz Eigenes und Persönliches. Jeder von uns findet auf anderen Wegen zu seiner bedingungslosen Selbstliebe und zu seiner inneren Stärke und ich möchte dir dabei helfen, indem ich dir von meinem Weg erzähle. So wirst du bestenfalls verstehen, inwiefern die Liebe zu dir und der Glaube an dich selbst dazu führt, dass du gelassener, entscheidungsfreudiger und glücklicher durch dein Leben gehst.

Selbstbestimmtheit, Glück und Achtsamkeit sind eigentlich keine Fremdwörter, aber doch schwer zu übersetzen und vor allem umzusetzen. Ich versuche es also im Folgenden so zu formulieren, dass es jeder verstehen kann, damit auch du schon sehr bald mit mehr Leichtigkeit und einer positiveren Denkweise durch dein Leben gehst und deinen Alltag meisterst.

Es gibt womöglich tausende Ansätze, zwischen denen ich wählen könnte und so entscheide ich mich für meinen Eigenen, der unverkennbar ist, denn er beruht auf einer Zeit in meinem Leben, die überaus bedeutsam für mich gewesen ist. Mit dem, was ich schreibe, möchte ich insbesondere meinen kanadischen Freunden und allen, die an meinem Aufenthalt in Kanada beteiligt waren, etwas zurückgeben. Sie haben mir gezeigt, wie viel Stärke und Kraft in mir liegt und ohne sie hätte ich dieses Buch niemals so schreiben und aufleben lassen können.

Betrachte mein Buch als ein bildliches Buffet. Ich habe dir einen Tisch gedeckt, der voll mit unterschiedlichstem Essen ist und du darfst selbst entscheiden, was du dir davon nimmst. Du darfst dir den Bauch vollschlagen oder auch nur den Nachtisch nehmen, das überlasse ich ganz dir. Wähle selbst, was dir schmeckt und genieß es.

Heutzutage ist Inklusivität von großer Wichtigkeit, dem stimme ich zu, aber damit ich die Sprachästhetik und Lesbarkeit in meinem Buch gewährleisten kann, verzichte ich auf eine geschlechtersensible Sprache. Um die Vehemenz mancher Sachlagen zu verdeutlichen, wird Gebrauch von vulgären Ausdrücken gemacht. Danke für dein Verständnis.

Kapitel 1

Darf ich vorstellen, Sammy der Truck

Ich schaute ihm direkt in seine dunklen Augen. Uns trennten nur wenige Meter voneinander. Der Moment fühlte sich an, wie eine halbe Ewigkeit und so unwohl mir auch war, konnte ich nicht weg. Ich traute mich nicht, mich zu bewegen, stattdessen war ich wie erstarrt und konnte meinen Blick nicht von ihm nehmen. Meine Gedanken wurden übertönt von meinem schnellen Herzschlag, der mich bewusstwerden ließ, dass ich erregt war und wie. Ich sah in seinem Gesicht keine Anzeichen von Böswilligkeit, aber dennoch hauchte er mir ein unbehagliches Gefühl ein, das meinen gesamten Körper durchströmte und Adrenalin freisetzte. So nervös ich auch war, verspürte ich Neugier. Neugier für das, was als nächstes passieren würde. Wir beide warteten wohl darauf, wer zuerst reagiert. Ich fantasierte, wie viele er wohl schon auf seinem Gewissen hatte und wo er als nächstes hinwollte. Unsere Begegnung kam so unerwartet und ich hatte ihn bei irgendetwas gestört. Ich wusste, der Tag würde kommen, aber du kannst dich nicht wirklich auf so eine Zusammenkunft vorbereiten. Ich hatte ihn mir anders vorgestellt. Irgendwie größer und flauschiger und harmloser. Aber so, wie er vor mir stand, wirkte er wild und unberechenbar und ganz und gar nicht wie ein kuscheliger Teddybär. Nein, ein echter Bär sieht anders aus. Meine Nase kribbelte und ich hatte das Bedürfnis, sie zu jucken, aber ich wollte ihn nicht verschrecken, indem ich mich bewegte. Wahrscheinlich hatte er sogar mehr Angst, dass ich ihm etwas tue als umgekehrt, aber wissen konnte ich das nicht. Sein Fell war so zottelig und ich bildete mir ein, dass ich ihn riechen konnte. Das war beinahe unmöglich, denn ich saß glücklicherweise in einem Auto und uns trennte eine dicke Glasscheibe voneinander. Langsam setzte er sich in Bewegung, seine Tatzen waren riesig und er lief urgemütlich und ganz friedlich direkt an meiner Autotür entlang. Ich schaute ihm solange hinterher, bis er in der Dunkelheit zwischen den Bäumen verschwand. Ich konnte aufatmen und noch immer glaubte ich nicht, was da eben passiert war. Ich war wohl endlich angekommen. Das berühmteste Tier Kanadas hatte mich in seinem Land willkommen geheißen.

Als ich damals mit meinen 19 Jahren beschloss, raus in die weite Welt zu gehen, sagte man mir, ich würde viele neue Erfahrungen machen. Ich hatte als junger Mensch schon etliche Filme geschaut und Bücher gelesen, in denen die wildesten Abenteuer passierten, ich dachte also, ich wüsste, was auf mich zukommt. Rückblickend betrachtet war meine Reise so viel mehr als bloß eine Abenteuergeschichte. Sie veränderte mein Leben langfristig auf allen erdenklichen Ebenen, die ich mir vorstellen konnte und das will ich nicht länger für mich behalten. Ich möchte dir liebend gern erzählen, was mir zugestoßen ist, wem ich begegnet bin, wie ich zu mir gefunden, meine Probleme gelöst und meine Ängste besiegt habe. Und das Wichtigste: Wie ich zu der authentischsten und glücklichsten Version von mir selbst wurde und endlich anfangen konnte, mich selbst zu lieben, glücklich zu sein und dafür einzustehen, dass ich mir selbst am wichtigsten bin.

Jeder von uns hat es am Anfang schwer. Du kommst in den Kindergarten oder in die Schule oder auch später in die Arbeitswelt und alles ist neu. Du brauchst deine Eingewöhnungszeit, musst dich in noch fremde Abläufe und Routinen einfinden und bist in einer unvertrauten Umgebung. Was macht es einem leichter, das alles einfacher zu bewältigen? Richtig, wir suchen uns Freunde. Wir wissen intuitiv schon im frühesten Alter, dass Freundschaftenknüpfen uns unzählige Vorzüge bringt. Nicht nur, dass wir einen Spielpartner haben, mit dem wir reden können, sondern jemanden, auf den wir uns verlassen und dem wir vertrauen können. Wir müssen nicht alleine Erfahrungen machen, sondern können sie teilen. Man ist füreinander da, in guten wie schlechten Zeiten. Ich lernte meine beste Freundin damals in der ersten Klasse kennen. Es war der zweite oder dritte Schultag und ich und ein paar meiner Klassenkameraden spielten damals in der Pause unerlaubt im Klassenzimmer, anstatt draußen auf dem Schulhof. Wir rannten durch den Raum und dabei streifte ich ungeschickterweise mit meinem Arm an dem Pult unserer Lehrerin vorbei. Ihre heilige Kaffeetasse ging dabei zu Bruch. Ich hatte solche Angst, ihr die Wahrheit zu sagen und hoffte, sie würde es nicht merken. Aber natürlich bemerkte sie die Scherben und wollte wissen, wer dafür verantwortlich war. Ich konnte es nicht zugeben, zu sehr hatte ich Angst vor Ärger. Meine Sitznachbarin ging nach vorne zum Pult und nahm die Schuld auf sich. Sie hatte keinen Grund für mich zu lügen, aber sie tat es trotzdem. Ab dem Tag wurden wir beste Freunde und sind es auch noch bis heute geblieben.

Einen besten Freund zu haben, ist eine gute Sache, aber es kommt der Zeitpunkt, an dem man unterschiedliche Wege einschlägt. Man geht nicht mehr zusammen zur Schule, sondern man muss sich früher oder später voneinander trennen. So, wie meine Freundin nach dem Abitur den Jakobsweg angetreten ist, wollte ich unbedingt nach Kanada und ich wusste, sie würde nicht mitkommen. Du machst dir zuerst keine großen Gedanken darüber, denn du befasst dich bei deinen Planungen nicht damit, dass du in Schwierigkeiten kommen könntest, bei denen dir der beste Freund zur Seite stehen muss. Nein, diese Erkenntnis hast du erst, wenn du schon mittendrin steckst. Ich erlebte zahlreiche Situationen, bei denen ich mir gewünscht hätte, dass jemand bei mir ist, aber den Preis zahlt man eben, wenn man auf eigene Faust durch die Welt tingeln will. Mir wurde schnell klar, dass ich ab sofort selbstständig meine Probleme bewältigen musste und das bereitete mir aus den unterschiedlichsten Gründen Angst. Zum einen wollte ich nicht aus meiner Komfortzone raus und zum anderen traute ich es mir gar nicht zu, alleine meine Angelegenheiten zu meistern. Und das war mein Moment, ab dem ich lernen musste, dass nur ich selbst mein treuester Begleiter bin. Egal, wo du auch bist und wer gerade nicht für dich da sein kann, du hast immer dich selber, ob du willst oder nicht. Ich brauchte lange, bis ich mich auf mich selbst verlassen konnte, denn das war gar nicht so einfach. Ich wusste noch gar nicht, ob ich überhaupt mein eigener Freund sein wollte und mit wem ich da eigentlich Freundschaft schloss.

Mein 19-jähriges Ich war seinerzeit der festen Überzeugung, es würde sich schon in und auswendig kennen. Heute kann ich schmunzelnd sagen, ich kannte damals vieles, aber ganz sicher nicht mich selbst. Ich konnte nicht einmal erahnen, welche holprige Identitätskrise mir noch bevorstand und mich bereits freudig erwartete. In dem Moment, wo ich kanadischen Boden unter meinen Füßen hatte, wusste niemand, wer ich bin und auch ich hatte die Möglichkeit, mich ganz von vorne kennenzulernen. Auf mich wartete nun eine andere Sprache, anderes Essen, andere Musik, andere Menschen und noch so viel mehr. Ich tauchte in eine mir bis dahin völlig fremde und unbekannte Kultur ein. Es war für mich wie von heute auf morgen in einer anderen Welt zu leben und ich fragte mich, wo zum Teufel ich hier gelandet war. Nichts von dem, was ich sah, hörte oder roch war mir vertraut und das flößte mir gehörige Angst ein. Ich war ja nicht nur zum Urlaub dort, sondern ich würde hier für ein halbes Jahr leben und das kann eine verdammt lange Zeit sein, wenn man sich nicht zugehörig fühlt.

Ich fühlte mich schlichtweg verloren. Eigentlich wollte ich am liebsten mit jemandem über mein Empfinden sprechen, aber das ging nicht so leicht, weil ich die Sprache gar nicht richtig beherrschte und das war meine erste Barriere, die ich überwinden musste. Ich hatte nicht wirklich jemanden zum Reden, also beschloss ich, dass ich vorerst mit mir selber reden musste. Das war das erste Mal in meinem Leben, wo ich mir bewusst selbst begegnete. Ich überlegte, was mich denn eigentlich so als Mensch ausmachte. Das waren sicher nicht meine Klamotten oder meine Schminke oder mein Kontostand oder meine Schulnoten. Wer war ich, ohne all das? Ich hatte nicht den blassesten Schimmer und ich konnte auch niemanden fragen, denn die Menschen, bei denen ich nun wohnte, kannten mich noch viel weniger. Ich begab mich also auf die Suche und hatte das Ziel, mich zu finden.

Damit du dir das mal ein bisschen besser vorstellen kannst, bringe ich dir gerne ein Beispiel. Morgens zum Frühstück gab es Pancakes oder Waffeln mit Ahornsirup. Dabei hörten wir Countrymusik und meine Gasteltern unterhielten sich eben auf Englisch. Nichts davon assoziierte ich mit meinem Zuhause. Daheim hätte ich niemals Pfannkuchen gefrühstückt und noch unwahrscheinlicher dabei einem Cowboy beim Musikträllern zugehört. Ich kam mir so fehl am Platz vor, aber das wollte ich ändern. Ich versuchte mich in die Gespräche meiner Mitbewohner einzubringen. Seit ich denken kann, benutzte ich meinen Sarkasmus und mit dem trat ich anfangs in einige Fettnäpfchen. Der Versuch, meine Ironie in unsere Dialoge einfließen zu lassen, um die Gesamtsituation aufzulockern, ging ordentlich nach hinten los. Meine Gesprächspartner schienen verunsichert und wussten nicht, dass mehr Scherz als alles andere hinter meinen Aussagen steckte, sie dachten, ich meine es ernst. Nach sämtlichen Missverständnissen, die ich zu verantworten hatte, musste ich einsehen, dass ich zuerst einen anderen Teil von mir vorstellte, damit man mich besser einschätzen konnte. Ich vergaß dennoch permanent, dass meine neuen Freunde mich nicht einmal ansatzweise so gut kannten, wie meine Freunde, mit denen ich daheim in meinem Dorf groß geworden war.

Es kam relativ schnell der Moment, in dem ich mich fragte, ob ich überhaupt weiterhin der Mensch sein wollte, der ich bis dahin gewesen war. Es wäre wohl treffender zu sagen, dass ich mich erweitern wollte. Für mich fühlte es sich nämlich so an, als ob ich eine lange Zeit meines Lebens angekettet war. Diese Kette bestand unter anderem aus Normen, Erwartungen und Verpflichtungen, die ich scheinbar zu beachten hatte und im Nachhinein betrachtet, hemmte mich dieses Geflecht aus gesellschaftlichen Annahmen, die ich doch auch teilweise gar nicht vorhatte, jemals zu erfüllen. In Kanada funktionierte das Leben anders und ich befreite mich endlich von diesen Ketten, die mich daran hinderten, mich so zu entwickeln, wie ich das wollte. Ich kam frisch aus der Schule und ich strebte weiterhin nach Anerkennung. Ich wollte gefallen und mit dazugehören und dafür muss man sich anpassen an das, was einem vorgegeben wird. Ich war immer das brave, vorbildliche Mädchen, das nicht anecken wollte und sich stets unterordnete. In der Schule will man angesehen und beliebt sein, denn selbstverständlich existiert eine Hierarchie und man will oben mit dabei sein und das muss man sich verdienen. Beispielsweise hat man ein Vorbild und versucht dieses zu imitieren. Man will genauso aussehen und sich benehmen und verspricht sich davon, dass man dadurch ebenfalls geachtet und anerkannt wird und es somit bestenfalls leichter hat. Es ist zweifellos so, dass wenn man mit dem Strom schwimmt, der Alltag leichter fällt, als für einen Außenseiter, aber man muss dafür auch Kompromisse eingehen. Insbesondere in der Schulzeit vergleicht man sich mit anderen und das kann einen enorm unter Druck setzen. Man hat das Gefühl, nicht gut genug zu sein, man zweifelt und dass andere über einen sprechen, ist allgegenwärtig. Das ist das, was ich schon immer hasste. Ich kann es nennen, wie ich will. Gossip, Lästern, Verurteilen. Ich fand es schrecklich. Wieso tun wir das? Warum nehmen wir uns jeden Tag aufs Neue das Recht heraus, über andere zu urteilen? Wir zerstören damit schlimmstenfalls das

Selbstwertgefühl eines anderen Menschen und richten damit sogar möglicherweise einen irreparablen Schaden an, der nicht mehr rückgängig zu machen ist. Es mag unterschiedliche Gründe dafür geben, mit dem Finger auf andere zu zeigen und es ist gewiss einfacher, den Fokus auf die Fehler anderer zu legen, um damit von sich selbst abzulenken, aber es war eine Eigenschaft, die ich dringend loswerden wollte, denn auch ich heulte hin und wieder mit den Wölfen.

Es heißt, Höflichkeit ist des Kanadiers zweiter Vorname und genau damit kam ich anfangs nur bedingt zurecht. Die meisten Menschen dort haben eine komplett andere Mentalität, als ich es von daheim kannte. Der Großteil befolgt die Devise „Leben und leben lassen“ und das war mir neu. Wir gingen in den ersten Tagen einkaufen und Supermärkte sind Orte, an denen viele unterschiedliche Menschen aufeinandertreffen. Es ist sicherlich ein Erlebnis, das erste Mal mitten in einem Walmart oder Superstore zu stehen und man könnte sich problemlos den ganzen Tag dort aufhalten, weil es so viel zu schauen gibt. Ich richtete mein Augenmerk auf die Leute, denn viele sahen, zumindest für mich, ziemlich eigenartig aus. Da war dieser Mann, der auch hätte original aus einem Westernfilm entflohen sein können. Das Einzige, was ihm noch fehlte, war sein Pferd. Ich holte mein Handy raus und wollte ein Foto von ihm machen, woraufhin mein Gastvater mich fragte, was ich da tat. Ich antwortete ihm, dass ich das Bild von dem bekloppten Mann meinen Freunden zeigen wollte, weil ich es irgendwie lustig fand. Ich sah ihm an, dass er zwar verstand, dass es mich scheinbar amüsierte und er war mir nicht böse deswegen, aber er sagte daraufhin etwas zu mir, was ich nie vergessen werde. „Wenn der Kumpel da drüben einen schönen Tag hat, weil er Stiefel und nen Cowboyhut trägt, dann hindere ihn doch nicht daran. Lass ihn seinen schönen Tag haben." Ich dachte lange über diese Worte nach und er hatte vollkommen recht damit.

Diese löbliche Wesensart der Kanadier sah ich als große Qualität an und wollte sie unbedingt auch erlernen. Du musst verstehen, dass der typische Kanadier bestimmte Merkmale in seiner Denkweise hat und dass diese signifikante Geisteshaltung weitreichende Konsequenzen bezüglich des Miteinanderlebens hat und zwar überwiegend Positive. Um nachvollziehen zu können, warum die Kanadier ticken wie sie ticken, muss man sich ihre Geschichte genauer anschauen. Ich bin keine Historikerin, aber ich weiß, dass das Land noch gar nicht so alt ist. Ursprünglich wurde Kanada von den sogenannten First Nations besiedelt. Die Indianer wurden jedoch mit der Zeit von hauptsächlich europäischen Einwanderern in Reservate verdrängt. Es kam zu Auseinandersetzungen zwischen den Briten und Franzosen. Die Franzosen verloren den Krieg und Kanada spaltete sich in Westen und Osten. In dem zweitgrößten Land der Erde, das zum Commonwealth gehört, gibt es zwei Amtssprachen. Die Frankokanadier im Osten sprechen Französisch, der Rest spricht vorwiegend Englisch. Kanada ist geographisch in Provinzen und Territorien aufgeteilt und je nachdem, wo man ist, unterscheiden sich die Mentalitäten gewaltig. Während man den Einwohnern im Osten nachsagt, dass sie teilweise recht reserviert sind, so kommt man an die Westküste nach Vancouver und wird auf sehr offene, gesprächige und entspannte Leute treffen. Was aber alle gemeinsam haben ist, dass sie überaus entgegenkommend und hilfsbereit sind. Kanadier sind durchweg freundlich, immer für ein Gespräch zu haben und ihr Lächeln im Gesicht ist ansteckend. Was die Menschen verbindet ist, dass jeder von woanders herkommt und unterschiedliche Wurzeln hat, denn so gesehen, waren alle mal Einwanderer. Dadurch formt sich ein Mosaik aus ganz vielen unterschiedlichen Kulturen, die noch so divers sein können, aber sie coexistieren harmonisch nebeneinander her. Das Land legt extrem viel Wert auf Freiheit und Gleichheit, weswegen beispielsweise auch der Vorname weitaus mehr Bedeutung hat als der Nachname, von dem man aus auf eine bestimmte Herkunft schließen könnte. Die Person steht im Mittelpunkt und nicht ihre Abstammung. Die Leute interessieren sich füreinander und so wird man täglich von seinen Mitmenschen in Gespräche verwickelt. Soziales Engagement und Wohltätigkeit werden ganz großgeschrieben und das treibt das schon fast idyllische Zusammenleben an. Man ist sich in der Regel gut gesonnen und das war mir komplett fremd.

So begleitete ich anfangs meinen Gastvater hin und wieder zu seiner Arbeit. Er war LKW-Fahrer und wir saßen eigentlich die ganze Zeit im Fahrzeug, um die Lieferungen von A nach B zu bringen. Irgendwann musste ich aufs Klo. In Kanada bezahlst du nirgendwo für den Toilettenbesuch, du kannst überall umsonst das WC benutzen, egal, ob im Restaurant, an der Tankstelle oder im Supermarkt. Ich war also auf der Toilette und kam gerade aus der Kabine heraus, da sprach mich eine Frau an und fragte, ob alles okay bei mir war. Ich zögerte einen kurzen Augenblick und war verwundert über die Frage. Sie konnte unmöglich wissen, dass ich meine Tage hatte und mich Unterleibschmerzen des Todes quälten. Als ich zurück bei meinem Gastvater war, erzählte ich ihm von meiner Begegnung und er lachte nur und sagte darauf: „So sind wir eben. Wir wollen nur sichergehen, dass es allen gut geht und passen auf uns auf." Ein weiteres Phänomen war für mich, dass ich während unserer Autofahrten beobachtete, wie so gut wie alle Verkehrsteilnehmer, die uns entgegenkamen, grüßten. Anfangs fand ich es nicht weiter beachtlich, aber irgendwann war der Punkt gekommen, an dem ich es für unmöglich hielt, dass meine Gasteltern so viele Leute auf den Straßen kannten. Ich fragte, was es damit auf sich hatte und mir wurde daraufhin erklärt, dass sich hier oben im Norden insbesondere auf den abgelegeneren Straßen alle ein Handzeichen geben, um zu signalisieren, dass alles okay bei ihnen ist. So lustig ich es auch erst fand, dass uns permanent jemand winkte oder einzelne Finger in die

Luft hielt, so fand ich diese Art von Geste sehr herzig und musste gleichzeitig daran denken, wie oft ich daheim, wenn überhaupt nur den Mittelfinger von anderen Autofahrern gesehen hatte.

Was macht nun Identität aus? Es ist sicherlich die Kultur, aber noch so viel mehr. Alles, was du bist und tust und denkst, auch das war für mich Teil der eigenen Identität. Wie du dich verhältst, unabhängig wo du gerade bist oder welche Sprache du sprichst. Für mich bedeutete es, meine Persönlichkeit, mein Wesen und mein tiefstes Inneres und dafür hatte ich bis dahin nie wirklich ein Bewusstsein gehabt. Wer war ich denn nun? Ich kannte meine Vergangenheit sehr wohl, aber mein gegenwärtiges Ich dafür umso weniger und das machte mich neugierig. Während meines Auslandsaufenthaltes geriet ich in zahllose Situationen, auf die ich mich unmöglich hätte vorbereiten können und in genau denen fand ich heraus, wie ich wirklich funktionierte. Eine der ersten Fragen, mit denen ich konfrontiert war, war die, wie lernfähig ich eigentlich bin. Wie ich bereits vom Frühstück erzählte, so gab es jeden Tag aufs Neue Unbekanntes, was auf mich wartete und ich musste entscheiden, wie ich damit umging. Erst einmal musste ich das kleine Einmaleins der Kanadier lernen. Meine Gasteltern gaben mir einen Crashkurs. Tim Hortons ist ein Ort, an dem sich jeder Kanadier wohlfühlt und mindestens einmal täglich einen Stopp einlegt, das war mein Eindruck. Für manche mag es sogar das zweite Zuhause sein, vermutete ich. Es ist sozusagen das kanadische Starbucks. Ich ging also zu Timmie`s und versuchte mein Glück, mir einen Kaffee zu bestellen. Du sagst dann aber nicht, dass du gerne einen „coffee" hättest, sondern das nennt sich dann „Double Double" und den bezahlst du mit einem Toonie. Wie wir 1-Eurostücke und 2-Eurostücke haben, so heißen sie in Kanada Loonie und Toonie und wenn du diese Begrifflichkeiten nicht kennst, bist du sofort als Tourist enttarnt.

Kanadier sprechen viel über ihre Autos, denn in denen verbringen sie die meiste Zeit. Die Distanzen in dem Land sind nämlich um Einiges größer und weiter, als ich es mir je hätte vorstellen können. Ich lernte auf meiner Reise eine gute Freundin kennen, die auch aus Deutschland kam und circa eine Stunde Autofahrt von mir weg wohnt. Uns wurde gesagt, dass wir ja quasi Nachbarn sind und uns wollte keiner glauben, dass wir uns daheim vorher noch nicht begegnet waren, obwohl wir ja so nah beieinander wohnen. Zurück zu den Autos. Kanadier haben drei Begrifflichkeiten, wenn es um ihre fahrbaren Untersätze geht. Da hätten wir erstens das „car", mit dem ein normaler PKW gemeint ist. Dann gibt es den „Truck", den wir wahrscheinlich als Pickup bezeichnen würden und dann gibt es noch den Namen „Sammy Truck", der für alle großen LKWs steht.

Wenn mein Gastvater darüber sprach, welche Strecke wir mit seinem Sammy Truck zurücklegten, benutzte er eine Maßeinheit, die ich nur aus Filmen kannte. Daheim war ich mit dem metrischen System aufgewachsen, das Kilometer, Kilogramm und Celsius umfasst. Der ein oder andere Kanadier ist damit sicherlich vertraut, aber in der Regel kennt er hauptsächlich das imperiale Maßsystem, das unter anderem aus Miles, Pounds und Fahrenheit besteht. Ich musste also umdenken und erst bei solch annehmlich kleinen Unterschieden merkte ich, wie tief verankert so manches in mir drin war. Man fährt eine Zeit lang zweigleisig und das bringt den Kopf ordentlich durcheinander. Permanent muss man umdenken und Meterangaben in Feet umrechnen beispielsweise. Ich würde nicht sagen, dass ich dadurch einen Teil meiner alten Identität aufgab, sie erweiterte sich viel eher. So adaptierte ich im Laufe meiner Reise unzählige Eigenschaften, Angewohnheiten und Denkweisen, die mein Bewusstseinsspektrum enorm bereicherten und dazu führten, dass ich meine wahre Identitätskrise durchlebte, als ich wieder zurück nach Deutschland musste. Aber dazu an einer anderen Stelle mehr.

Kapitel 2

Howdy meine lieben Gefühle

Wenn du mich fragen würdest, was die coolste Erfahrung war, die ich während meiner Reise gemacht habe, dann ist die Antwort nicht einfach und die Frage in meinen Augen unfair gestellt, denn Kanada hat so einiges zu bieten. Jeder einzelne Tag war für mich ein Abenteuer und ich freute mich, morgens aufzuwachen, ohne zu wissen, was mich erwarten wird. Das Land ist in jeder erdenklichen Hinsicht so unfassbar facettenreich, dass ich manchmal dachte, ich hätte zu wenig Sinne, um all diese Seiten voll und ganz zu erleben. Es gab Momente, in denen mir ganz klar wurde, dass es etwas Größeres gibt als Menschsein und dass ich mich unterzuordnen hatte, und zwar der Natur.

Meine Bucketliste war voll mit allerlei Vorhaben, die ich während meiner Reise abarbeiten wollte. Ob es war, dass ich mit einem Kanadier tanze, Whalewatching mache, mich in Vancouver verlaufe, mir ein Eishockeyspiel anschaue, aber es gab diese eine Sache, hinter die ich unbedingt einen Haken setzen wollte und nicht heimkehren würde, bis ich sie erledigt hatte. Ich wollte die berüchtigten Nordlichter sehen.

Im Laufe der letzten Jahre habe ich mir einen Ort geschaffen, den niemand kennt. Wenn es mir schlecht geht oder ich an mir zweifle oder auch einfach bloß meine Ruhe brauche, dann besuche ich diesen Ort. Die Örtlichkeit, von der ich spreche, gibt es aber nicht wirklich, zumindest ist sie für niemanden begehbar, außer für mich selbst. Sie steckt in mir, irgendwo zwischen Herz und Seele und ist für mich wie ein kleiner Palast, bestehend aus wunderschönen und unvergesslichen Erinnerungen. Ich habe nicht immer den Schlüssel für das Schloss zu diesem Palast und das macht ihn umso kostbarer für mich. Ich verlor diesen Schlüssel schon des Öfteren, immer dann, wenn ich gerade keinen richtigen Zugang zu meinen Gefühlen hatte. Und was sind Erinnerungen schon wert, wenn man keine Emotionen dabei verspüren kann?

Gefühle sind etwas Großartiges, aber manchmal auch ziemlich gruselig und angsteinflößend, oder? Sie machen uns menschlich und leiten uns durch unser Leben. Es wäre wohl das Vernünftigste, zu sagen, dass wir einfach lernen müssen, sie zuzulassen und sie als Stärke zu betrachten, aber so leicht ist es dann meist doch nicht. Gefühle sind nämlich auch unheimlich, machen uns verletzlich und bringen uns hin und wieder vom Weg ab, da sie unseren Kopf benebeln und Entscheidungen mit beeinflussen. Jeder von uns hat Momente, in denen er am liebsten nicht fühlen will und dieser Tatsache wollte ich auf den Grund gehen. Wieso will ich nicht immer fühlen? Und diese Frage hatte es in sich.

Es gab eine Zeit während ich weg war, die ich gerne ausblenden würde. Ich fühlte mich alleine, unverstanden, war traurig und vermisste mein Zuhause. Ich hatte Heimweh und ich kämpfte lange dagegen an. Ich wollte nicht wahrhaben, dass es mir nicht gut ging und deswegen leugnete ich es vorerst. Vielleicht dachte ich, dass wenn ich es nicht aussprach, es auch nicht real war, aber natürlich merkte ich, dass ich mir damit nur etwas vormachte.

Wenn ich von Gefühlen spreche, dann unterteile ich diese in kalte und warme Emotionen. Wenn ich beispielsweise von Freude oder Liebe rede, dann erwärmt sich symbolisch mein Herz. Wenn ich hingegen an Trauer, Angst oder Wut denke, dann wird mir innerlich kalt. Ich kategorisiere also meine Emotionen und das tue ich nicht bewusst. Ich warte auf das Gefühl, das intuitiv in mir entsteht und erst dann kann ich es benennen. Es gibt ein paar universelle Grundemotionen und das sind Ekel, Freude, Trauer, Angst, Ärger/ Wut, Verachtung und Überraschung und was mir relativ schnell auffiel, war, dass es augenscheinlich weitaus mehr kalte Emotionen gibt, als andersherum. Es gibt sowas wie die emotionale Homöostase, was nichts anderes bedeutet, als dass jeder von uns danach strebt, ein innerliches Gleichgewicht zu haben. Das heißt, dass wenn ich zum Beispiel Wut verspüre, sich damit gleichzeitig innere Spannungen ergeben und die möchte ich unbewusst, so schnell es geht, wieder wegbekommen, damit ich meine Balance wiederfinden kann. Ich hatte also die Erkenntnis, dass es so einige Gefühle gibt, die schlichtweg unangenehm sind und ich wusste, dass sich das im Laufe meines Lebens wahrscheinlich auch nicht ändern würde. Trauer wird immer Trauer bleiben und es ist unausweichlich, diese Emotionen fühlen zu müssen. Ich wollte dem entgegenwirken, mit dem Ziel, es mir für die Zukunft zu erleichtern, mit kalten Emotionen umzugehen. Dafür musste ich ganz von vorne anfangen, alles aufbrechen und mir eine Menge Fragen stellen. Ich fing an, indem ich mein Heimweh erst einmal zuließ, damit ich voll und ganz fühlen konnte.

Ich zerlegte das Wort Heimweh in meinem Kopf wie ein Legohaus in viele kleine Teile und stellte mir die Frage, was Heimweh überhaupt für mich war. Es bedeutete für mich, von meiner Familie getrennt zu sein, alltägliche Dinge nicht mehr haben zu können, bei anderen zu fehlen, zu vermissen und zu verpassen. Ich schrieb diese Sätze alle nacheinander auf (Bsp. Ich bin getrennt von meiner Familie etc.) und schaute, was passierte. In mir kamen Gefühle hoch und genauso hatte ich körperliche Reaktionen. Ich fing an zu weinen und das tat ich, weil ich traurig war, aber auch, weil ich Angst hatte. Das verstand ich nicht. Dass ich traurig war, fand ich einleuchtend, aber wieso beängstigte mich das? Ich musste weiterbohren. Ich hatte Angst davor, loszulassen und einzusehen, dass ich nun auf mich allein gestellt war. Ich stand unmittelbar vor einer persönlichen Weiterentwicklung, eben weil ich von meiner Familie, insbesondere meinen Eltern, getrennt war und das machte mir Angst. Nachdem ich aber den Grund für meine Gefühle erkannt hatte, fand ich es überraschenderweise nur noch halb so schlimm, diese empfinden zu müssen. Ich betrachtete die Emotionen Angst oder auch Trauer in dem Moment nicht mehr als Bedrohung, sondern eher als Helfer. Meine Gefühle wussten scheinbar schon eher als mein Verstand, was in mir vorging und das machte mich neugierig. Bevor ich überhaupt selbst wusste, warum ich wie fühle, hatte ein Teil von mir schon den kompletten Durchblick. Ich fand einen überaus interessanten Zugang zu mir, der mich tolle Dinge über mich selbst lehrte. Bildlich gesprochen hatte ich nun einen riesengroßen Schlüsselbund in meiner Hand und jeder einzelne dieser Schlüssel war meine persönliche Emotion, die eine Tür öffnete, die ich vorher nie betreten hatte.

Es gibt Gefühle, die individuell unterschiedlich stark zu verbergen sind. Wenn ich beispielsweise jemandem begegne, den ich aus oberflächlichen Gründen nicht leiden kann, dann würde es mir relativ leichtfallen, meine Verachtung demjenigen gegenüber vorerst zu verstecken. Wenn ich meine Lieblingshose aus der Wäsche hole und feststelle, dass sie eingelaufen ist, dann macht mich das wütend und das könnte hingegen jeder sofort erkennen, der neben mir steht. Daran wollte ich arbeiten. Ich wollte meine Emotionen nicht nur besser verstehen, ich wollte sie auch besser kontrollieren können. Ich ging so vor, dass ich mir jeden Tag eine stetig wiederkehrende Emotion vorknöpfte und versuchte, mich dabei zu ertappen, immer, wenn sie hochkam. Daraus entstehen die lustigsten Selbstgespräche, so war es zumindest bei mir. Ich fuhr beispielsweise mit dem Auto und regte mich über den Straßenverkehr auf, wer kennt`s nicht? Egal, ob die Ampel zu lange rot war oder der Fahrer vor mir zu langsam fuhr oder den Blinker nicht setzte, ich hatte durchgehend Gründe, weshalb ich mich aufregen konnte. Autofahren löste also Stress in mir aus, der mich schlecht fühlen ließ und das wollte ich ab sofort nicht mehr. Jedes Mal, wenn ich seitdem eine potenzielle Situation hatte, in der ich wusste, dass ich mich gleich wieder aufregen werde, versuchte ich mich zu beruhigen. Ich führte laute Monologe mit mir selber und wandelte Aussagen wie „Ist der behämmert? Wieso fährt der denn nicht schneller? Wer hat dem denn seinen Führerschein gegeben?“ um zu „Der meint das doch gar nicht so und schon gar nicht will er dich ärgern!“. Dadurch, dass ich anderen eine positive statt negative Intention zuschrieb, hielt ich meine fast schon cholerischen Wutausbrüche während des Autofahrens in Schach und es tat mir gut, denn ich war viel entspannter unterwegs.

Es dauert zugegebenermaßen eine Weile, diese Beherrschung zu trainieren und ich fand heraus, dass Wut bei mir unterschiedlichste Auslöser hatte. Sei es, dass sich ein anderer mir gegenüber verständnislos benahm oder ich manchmal auch einfach nur ungeduldig war. Was ich damit einhergehend merkte, war für mich sehr aufschlussreich. Ich erkannte, was für viele vielleicht schon selbstverständlich war, dass nur ich selbst immer für meine Gefühle verantwortlich bin, kein anderer und das war für mich ganz wichtig. Spinnen wir die Situation einmal weiter, damit deutlich wird, was ich meine. Ich komme vom Einkaufen wieder und ich werde gefragt, wie es war. Ich werde wahrscheinlich noch inmitten meiner Emotionen sein, toben und mich weiter darüber aufregen, dass auf dem Parkplatz des Supermarktes nur Idioten unterwegs waren und ich dann auch noch unverschämterweise fünf Minuten in der Kassenschlange warten musste, um bezahlen zu können. Das heißt, in dem Moment rechtfertige ich meine Aufregung damit, dass sie andere Menschen verursacht haben und das ist nicht wahr. Es mag ja sein, dass ich wirklich auf inkompetente Autofahrer getroffen bin und die Kassiererin meines Erachtens zu langsam kassiert hat, aber dass mir das etwas ausmacht, ist ganz allein meine Entscheidung gewesen. Ich habe mich dazu entschieden, mich aufzuregen oder sogar wütend zu sein. Ich allein bin verantwortlich für meine Wut. Das fand ich zuerst ziemlich blöd, weil man hat immer gerne einen anderen, dem man das in die Schuhe schieben kann, aber mir wurde klar, dass es auch ein riesengroßer Vorteil war. Die Vorstellung, dass ich komplett selbst bestimme, wie ich mich fühle, klingt eigentlich zu schön, um wahr zu sein, nicht? Aber so ist es. Ich wusste also nun, dass ich die Macht und Kontrolle darüber hatte, wie es mir ging und mit dieser Erkenntnis erblickte ich mein Leben seitdem aus einer anderen Perspektive und es stärkte mich zugleich.

Es gibt ein sehr schönes Zitat von Buddha: „Holding onto anger is like drinking poison and expecting the other person to die“ (dt. Wut in sich zu tragen, bedeutet Gift zu trinken und dennoch darauf zu warten, dass die Person, auf die ich wütend bin, stirbt). Wir begegnen jeden Tag Menschen, die mit ihrem Verhalten an unsere Substanz wollen und womöglich Wut oder Verärgerung in uns auslösen. Auch, wenn sie es in deinen Augen gar nicht verdient haben, vergebe ihnen dafür und zwar nicht für sie, sondern für deinen eigenen Seelenfrieden. Lebe damit, dass sich jemand in der Kassenschlange vordrängelt. Lebe damit, dass dir nicht jeder freundlich begegnet. Lebe damit, dass jemand dir auf der Straße die Vorfahrt nimmt, obwohl er hätte warten müssen.

Die Theorie hört sich aber meistens auch leichter an, als sie dann tatsächlich in der Praxis ist. So gab es auch bei mir im Alltag weiterhin Menschen, die mich auf die Probe stellten, ohne dass sie vielleicht davon wussten. Ich musste mir überlegen, wie ich mit diesen „Störenfrieden“ umgehe. Ich nenne sie heute meine persönlichen „Ruhestörer“ und ich bin ihnen so dankbar, dass es sie gibt. Was ist für mich nun ein Ruhestörer? Das ist jemand, der versucht, bewusst oder unbewusst, mich aus meinem inneren Gleichgewicht zu bringen, indem er Sachen sagt oder auch tut, die kalte Emotionen in mir auslösen. Es machte mir sogar Spaß, meine Ruhestörer zu identifizieren, denn sie spiegelten hervorragend wider, welche Fortschritte ich gemacht hatte und wo ich noch weiter an mir arbeiten musste. Und das Allerbeste war, ich musste für meine Trainingseinheiten noch nicht einmal bezahlen, denn meine Sparringpartner wussten meist gar nicht, dass ich an ihnen übte.

In der Praxis sah das dann wie folgt aus. Ich fuhr mit meinem Auto und vor mir hatte ich mal wieder eine Schnarchnase. Ich überlegte, wer in diesem Moment mein Ruhestörer war und zu dem dachte ich mir eine Geschichte aus und dann begann ich mit meinen Selbstgesprächen: „Liebe Helga. Ich weiß, du bist schon eine alte Omi und solltest wahrscheinlich gerade lieber Zuhause sitzen und deinem Enkelkind Socken stricken, aber stattdessen hältst du den Verkehr auf. Das ist okay, denn ich werde mich heute von dir nicht ärgern lassen." Ich verharmloste damit die Situation und entschärfte die Bedrohung, wenn man so will. Das hört sich bekloppt an, aber es hilft. Ich machte mir außerdem klar, dass Wut häufig nichts anderes als emotionale Selbstbestrafung für das vermeintliche Fehlverhalten anderer ist. Ich schade mir ja wenn überhaupt nur selbst damit, wenn ich mich über das Benehmen anderer aufrege und das wollte ich nicht länger.

Genauso ließ ich mich auch nicht mehr so leicht von der schlechten Laune meiner Mitmenschen anstecken. Wie oft begegne ich täglich Leuten, die nur darauf bedacht sind, rumzustänkern und schlechte Luft damit verbreiten? Diese Personen merken es vielleicht selbst gar nicht, aber sie haben eine negative Ausstrahlung auf ihr Umfeld und erzeugen damit ein gewisses Eskalationspotenzial. So kam ich eines morgens aus meinem Haus raus, lief zu meinem Auto, da meckert mich ein Typ von der Seite an und beschimpft mich, dass ich ihn zugeparkt hätte. Er hatte sogar Recht, aber der Ton macht die Musik. Wenn du von jemandem angeschrien wirst, löst das ein bestimmtes Gefühl in dir aus. Du fühlst dich angegriffen. Und es gab keinen Grund zum Schreien, denn ich war ja nicht schwerhörig. Normalerweise hätte ich diesen jungen Mann am liebsten zurück angemotzt, aber ich wollte es ja besser machen als er. Im Übrigen demonstrierte mir sein Rumgeschreie ja auch nur, dass er wehrlos war und mich einschüchtern wollte. Es war ein Ausdruck von Hilflosigkeit. Ich atmete also einen tiefen Moment durch. Ich durfte es nicht persönlich nehmen und versuchte, aus mir herauszutreten. Ich wusste, wenn ich mich jetzt auf diese Situation einlasse, dass ich genauso emotional schwach bin wie mein Gegenüber und damit wäre niemandem geholfen. Ich dachte mir auch hier wieder eine Geschichte aus, warum dieser Mann so überaus geladen war und offensichtlich seinen Frust an mir rauslassen wollte. Ich nahm es ihm nicht übel, dass er mich für seinen

Wutausbruch verantwortlich machte, denn dem Anschein nach wusste er es nicht besser und deswegen war ich ihm schon überlegen. Ich lächelte ihn an und sagte zu ihm: „Entschuldigung für die Umstände, ich hoffe, Sie können heute trotzdem noch einen schönen Tag haben." Er schaute mich völlig verdutzt an, denn er hatte wohl eher damit gerechnet, dass ich meine Fassung verliere und wir einen Streit führen werden. Den Gefallen tat ich ihm aber nicht und umging damit den Konflikt. Solche Begegnungen hatte ich jeden Tag und teilweise ging es um viel banalere Dinge, als dass ich ein anderes Auto zugeparkt haben soll. Auf meiner Arbeit wollten Menschen ihre schlechte Laune an mir rauslassen, weil sie das Wetter blöd fanden oder sie einfach grundsätzlich privat unzufrieden mit etwas waren, aber das tangierte mich nicht mehr. Man wird permanent in die Probleme anderer mit hineingezogen oder sogar noch dafür verantwortlich gemacht und damit war Schluss für mich. Ich sah jede dieser Situationen als symbolische Bombe an und ich war meist die Einzige, die überhaupt Ahnung davon hatte, wie man eine Bombe entschärft. So war für mich jede Bombenentschärfung eine persönliche Mutprobe, an der ich wachsen konnte. Relativ schnell merkten Menschen um mich herum, dass ich nun meine ganz eigene Art entwickelt hatte, mit Kalamitäten umzugehen. Ich wurde gefragt, wo ich das gelernt hatte und ich konnte stolz sagen, dass ich es mir selbst beigebracht hatte. Dennoch erforderte es harte Arbeit, ständig solchen Situationen ausgesetzt zu sein und sie jedes Mal aufs Neue souverän meistern zu wollen. Was für mich der allerwichtigste Aspekt dabei war, war der, dass ich mir stets vor Augen halten musste, dass die Person, die einen möglichen Konflikt initiieren wollte, in dem Moment ihre Emotionen nicht im Griff hatte, ich aber schon und nur deswegen war ich ihr überlegen. Ich nahm es den Leuten irgendwann nicht mehr übel, dass sie sich bei mir abreagieren oder über mich beklagen wollten, denn sie taten mir damit einfach nur leid. Nicht, dass ich wirklich Mitleid mit ihnen hatte, aber ihr Verhalten implizierte mir, dass sie emotional schwächer und unkontrollierter waren als ich und das nahm ich als Kompliment, denn es bedeutete, dass ich ihnen überlegen war.

Vergegenwärtige dir, dass es heißt „Ich mache MIR Sorgen", „Du hast MICH verletzt" oder „Ich ärgere MICH". Das heißt, kein anderer tut es und somit bestimmst du selbst, was du zulässt. Sieh beispielsweise eine Beleidigung zukünftig als Angebot an, bei dem du selbst entscheidest, ob du es annimmst oder nicht. Wenn dir das „Angebot" von deinem Gegenüber nicht gefällt, dann nimm es doch gar nicht erst an. Jeder von uns kennt doch die Situation, dass er durch die Stadt läuft und dann kommt gelegentlich ein Fremder auf dich zu, der dir irgendwas andrehen will. Ein Auto, ein Abo, ein Handy oder meinetwegen auch bloß nur eine Zahnbürste. Die meisten von uns würden diesen Leuten doch nicht einmal bis zum Ende zuhören. Wir laufen einfach weiter und sind uns sicher, dass sie nach uns jemand anderen finden, den sie vollquatschen können. Dasselbe ist es auch mit Beleidigungen. Weitergehen und damit leben, dass es immer Menschen geben wird, die denken, ihr Gelaber würde ernsthaft jemanden interessieren. Solange du dich nicht auf den Quatschkopf einlässt und seinem Angebot Beachtung schenkst, muss es keinerlei Relevanz in deinem Leben haben, das entscheidest ganz allein du.

Ich habe mal jemanden beobachtet, der sich seinen Fuß an einem Tischbein gestoßen hat und daraufhin geflucht hat „Der scheiß Tisch!". Mal ehrlich, der Tisch kann am wenigsten dafür, dass er da steht, oder? Und an solchen Aussagen erkennt man ganz deutlich, wo andere Menschen stehen und dass viele eben nicht davon wissen, dass sie selbst die Verantwortung dafür tragen, wie sie reagieren. Auch ich neige hin und wieder dazu, mich aufzuregen und die Wut an anderen auszulassen. Ich weiß dann aber auch, dass ich sinnbildlich mit meinem Auto falsch abgebogen bin und was tue ich dann? Ich schalte erst einmal wieder in den neutralen Gang, um anschließend rückwärts aus der Situation herausfahren zu können.

Ich nahm mir die Kanadier dafür oft als Vorbild. Wenn ich mitten in einer Bombenentschärfung steckte, überlegte ich, wie meine kanadischen Freunde sich verhalten würden. Ich sage nicht, dass alle Kanadier ihre Gefühle besser im Griff haben, aber sie sind von Natur aus viel friedlicher und respektvoller im Umgang mit ihren Mitmenschen. Sie unterstellen sich nicht, sich mit Absicht gegenseitig schaden zu wollen und das macht einen großen Unterschied. Dieses Persönlichnehmen macht einen gehörigen Teil dabei aus. Wenn man beispielsweise zu einem Geburtstag geht und es gibt keinen Kuchen mehr, wenn man kommt, dann neigt man schnell dazu, wieder einen Verantwortlichen zu suchen und begibt sich gleichzeitig in eine Opferrolle und das lieben wir. Bei uns entstehen Gedanken wie „Toll, hätte man mir nicht ein Stück aufbewahren können?“ oder „War ja klar, dass ausgerechnet ich wieder kein Stück abbekomme“. Damit ziehen wir uns den „Ich bin ja so ein armes Würstchen-Hut“ auf und den mögen wir an uns. Es ist der leichteste Weg, zu jammern und sich als das arme Opfer darzustellen. Mit dieser Nummer kommen wir oft genug durch, denn wir erzeugen damit bei anderen ein schlechtes Gewissen oder sie haben sogar Mitleid mit uns. Hey, wir wollen doch Verantwortung übernehmen, oder? Inwiefern tun wir das denn, wenn wir dauernd mit diesem hässlichen Hut rumrennen? Richtig, nämlich gar nicht. Wir machen uns doch lächerlich damit, wenn wir behaupten, dass wir das Unschuldslamm sind und für nichts etwas können. Zumindest können wir etwas für unsere Gefühle und entscheiden somit selbst, wie wir empfinden und das sollte für den Anfang reichen.

Mir wurde der Würstchenhut auf meinen Reisen schnell abgenommen. Wie ich bereits erwähnte, wollte ich unbedingt die berühmten Polarlichter sehen. Das ist ein unvergleichbares Naturspektakel, das einfach magisch ist. Jetzt konnte ich auch nicht einfach abends schnipsen und die Lichter tauchten auf, nein, ich musste Geduld haben. Nacht für Nacht wartete ich auf die bunten Farben am Himmel und wie lächerlich hätte ich mich bitte vor den anderen gemacht, hätte ich meinen Hut wieder aufgezogen. Ich hätte dafür niemandem die Schuld geben können, dass ich die Lichter nicht gesehen habe, höchstens mir selber, dass ich zur falschen Zeit am falschen Ort war.

Es passierte dann, als ich es am wenigsten erwartete. Das Gefühl, von dem ich nun spreche, ist Überraschung. Mein Atem stockte, ich riss meine Augen weit auf und ich war sprachlos. Ich stand mit meinen Freunden draußen in der Kälte. Es war schon dunkel und wir machten ein Lagerfeuer. Der Abend war perfekt. Wir tranken Bier, einer hatte seine Gitarre dabei und wir sangen sinnlosen Quatsch in die endlose Weite. Irgendwann schaute ich nach oben in die Sterne und da sah ich sie. Grüne Lichter, die am Himmel tanzten. Sie waren direkt über uns und hatten ihren ganz eigenen Rhythmus, wie sie sich bewegten. Ohne, dass ich es merkte, liefen mir Tränen an meiner Wange entlang und ich hatte selten etwas zuvor gesehen, was so viel Ehrfurcht in mir auslöste, wie dieser Anblick. Am liebsten hätte ich nie wieder meinen Blick von ihnen genommen und so schnell und unbemerkt sie gekommen waren, verschwanden sie auch wieder.

Diese einzigartige Erinnerung ist in meinem imaginären Palast und wird auch hoffentlich nie einen Weg hinausfinden, denn ich liebe es, mich ab und zu zurück zu erinnern und genau so zu fühlen, wie ich es in diesem Moment getan habe.

Natürlich gibt es auch Erinnerungen, die andere Gefühle auslösen. Gefühle, die man eigentlich nicht so gerne hat. Ich ging mal mit meinen Freunden in den Rocky Mountains wandern und ich hasste es anfangs. Die Trails sind teilweise so steil, dass man als Person ohne jegliche Ausdauer schnell an seine Grenzen stößt. Keine Frage, ich hatte immer ein Ziel und wollte die ultimative Aussicht von ganz oben haben, aber der Weg dahin verlangte mir einiges ab. So lief ich über Stock und Stein bergauf und irgendwann konnte ich nicht mehr. Ich lief langsamer und verlor den Anschluss zu dem Rest der Gruppe. Einer meiner Freunde drehte sich nach einer Weile um und sah, dass ich weit zurückhing. Er kam mir entgegengelaufen und sagte etwas zu mir, das mich sofort die anderen wieder einholen ließ. Und zwar erzählte er mir von den Tieren in den Bergen und dass wir davon ausgehen müssen, beobachtet zu werden. Es war Winter und die Bären hielten glücklicherweise alle ihren Winterschlaf, aber es gab andere Bewohner hier oben, die sich ihr Überleben im harten kanadischen Winter sichern mussten und die aktiv auf Jagd waren. Pumas sind große und gefährliche Raubtiere, die ihre Beute aufmerksam beobachten und mit Bedacht auswählen. Sie entscheiden sich in der Regel für das schwächste Glied der Gruppe und das wäre in dem Fall ich gewesen, denn ich trennte mich von den anderen, da ich geschwächt war. Die Vorstellung, dass ich von einem Berglöwen angefallen werde, ließ mich meine Schmerzen und meine Unsportlichkeit sofort vergessen und ich konnte plötzlich rennen. Ich hatte Angst.

Kapitel 3

Der schwarze Rabe tut dir nichts

Was ist Angst? Wo kommt sie her? Wie gehe ich mit ihr um und wie kann ich sie besiegen? Ich verspüre Angst, wenn ich mich bedroht fühle, wenn meine körperliche Unversehrtheit in Gefahr ist oder auch, wenn ich nicht weiß, was kommt. Angst kann für jeden von uns ganz unterschiedliche Trigger haben und deshalb möchte ich mit dir erst einmal gerne über wesentliche Charakteristika der Angst sprechen.

Angst ist eine Form der Energie und wir Menschen leben von Energien, sowohl positiv als auch negativ. Angst kann ein Erziehungsinstrument sein, eine psychische Störung in Form von Panikattacken, aber die normale Angst ist eigentlich etwas Gesundes und bietet ja vielleicht sogar Schutz. Das mag paradox klingen, aber denken wir doch mal genauer drüber nach. Angst ist mit ein Grund, warum es uns heute überhaupt noch gibt. Hätten unsere frühesten Vorfahren damals keine Angst vor Säbelzahntigern gehabt, dann würden wir schon lange nicht mehr existieren. Sie beschützt uns vor Gefahren und sichert unsere Spezies. Dennoch empfinden wir sie als beunruhigend und würden ihr am liebsten aus dem Weg gehen, wenn wir könnten.

Ich glaube, wir vertauschen häufig die Begrifflichkeiten, wenn wir Angst meinen, aber eigentlich etwas anderes verspüren. Ab wann können wir denn von Angst sprechen? Angst hat viele Kinder: Sorge, Furcht, Beunruhigung. Was ist denn jetzt der Unterschied? Wie oft kommt es vor, dass ich wirklich Angst habe? Wenn ich davon spreche, Angst davor zu haben, dass ich zu spät zur Arbeit komme, dann habe ich ja eigentlich nur Sorge. Ernsthafte Angst um mein Leben musste ich glücklicherweise noch nie haben. Trotzdem gibt es genug Situationen, die einem begegnen, in denen man vermeintliche Angst hat. Wenn ich genauer darüber nachdenke, habe ich aber in den seltensten Fällen Angst vor der Angst, sondern vor bestimmten Konsequenzen. Wenn ich Höhenangst habe, habe ich nicht Angst vor der Höhe, vielmehr davor, runterzufallen. Wenn ich Angst habe, eine Beziehung einzugehen, habe ich nicht Angst vor der Beziehung, sondern vor möglicher Enttäuschung. Unsere Ängste sind oft andere, als sie scheinen und jeder von uns wird auf seine ganz persönliche Weise mit seinen Ängsten konfrontiert. Erfahrungsgemäß und wie es auch in der Psychologie so schön heißt, führt der Weg heraus aus der Angst, nur durch die Angst hindurch.

Auf meinen Reisen musste ich mich unausweichlich ein paar meiner Ängste stellen. So wurde ich vor vollendete Tatsachen gestellt, dass ich zwei Wochen auf eine Farm aufpassen sollte. An sich kein Problem, denn ich kannte die Abläufe, war vertraut mit den Tieren, alt genug, um mir selbstständig Essen zu kochen, aber ich würde alleine sein und das machte mir Angst. Nun hatte ich keine Angst davor, ganz alleine zu sein, eher davor, dass mir etwas passieren könnte, während ich alleine war. Die Farm befand sich mitten im Nirgendwo, es gab keine Nachbarn, man konnte die Türen nicht abschließen, draußen liefen wilde Tiere herum und Menschen waren hier befähigt, eine Waffe bei sich zu tragen und das ängstigte mich. Dennoch blieb mir nichts anderes übrig. So sehr ich dieser Situation auch gerne aus dem Weg gegangen wäre, hatte ich mich zu dem Farmkeeping verpflichtet. Ich konnte nicht einfach sagen „Nein das mache ich nicht. Ich habe Angst". Ich musste also lernen, mit meiner Angst umzugehen bzw. mich ihr zu stellen und das konnte ich nur, indem ich durch die Situation geradeaus durchging.

Es gibt Arbeitspläne, Fahrpläne, Stundenpläne und Speisekarten. Was haben diese miteinander gemeinsam? Sie verschaffen Struktur und Orientierung, einen Überblick, wenn man so will. Ich hätte aber auch eine Anleitung zur Angstbewältigung gebraucht und die gab es nicht. Ich musste mir selbst etwas überlegen, das brauchbar war und meine Ängste zukünftig in die Flucht schlagen würde.

Es war der Tag gekommen, an dem ich alleine auf der Farm war. Ich war gefangen in meinen Emotionen. Ich hatte Angst, war nervös und kurz davor, zu paniken. Ich malte mir in Gedanken aus, was alles passieren könnte und sah mich in Gefahr. Ich versuchte verzweifelt, mich zu beruhigen, aber ich wusste nicht, wie. Das Erste, was ich automatisch machte, ich wollte mich runterholen. Besser gesagt, ich wollte mich aus der emotionalen Ebene rausbringen, was im Umkehrschluss bedeutete, dass ich meine Lage versachlichen musste. In mir ging so viel vor und ich wollte mich am liebsten noch mehr in die Situation reinsteigern, aber das würde mir nicht weiterhelfen. Ich begab mich unbewusst in die Opferrolle, überzeugt davon, das arme kleine Mädchen zu sein, dem Schreckliches widerfahren wird, während es ganz allein auf der Farm ist. Ich begann damit, meine Ängste zu realisieren und konkret werden zu lassen, indem ich mir explizit vorstellte, was mir denn überhaupt zustoßen konnte. Ich versuchte mir logisch einzureden, dass die Wahrscheinlichkeit der Situationen, vor denen ich mich fürchtete, eigentlich recht gering war. Daraus resultierte eine allgemeine Feststellung bei mir. Wie oft nämlich schon hatte ich mir in meinem Leben Sorgen gemacht und im Nachhinein ist dieses Ereignis dann gar nicht eingetroffen? Ich musste lachen, denn mir wurde klar, dass ich scheinbar Sorgen und teilweise auch Ängste hatte, die zwar begründet waren, aber von denen ich eigentlich genauso gut wusste, dass sie mir gar nicht unbedingt passieren müssen. Wieso ging ich denn auch so häufig immer vom Worst Case aus? Vor diversen Prüfungen hatte ich teils so viel Schiss und machte mich wahnsinnig und hinterher dachte ich mir „Wieso hast du dich denn so verrückt gemacht, war doch halb so wild“. Viele meiner Sorgen wurden also gar nicht Wirklichkeit, wieso verschwendete ich dennoch so viel Zeit damit, mir Gedanken darum zu machen?

Mein Kumpel, dem die Farm gehörte, war diesbezüglich ein großes Vorbild für mich, denn er war so gut wie furchtlos und das wollte ich mir gerne abgucken. So gab es Situationen, in denen wir komplett verschiedene Herangehensweisen hatten. An einem Tag mussten wir in die Stadt und es hatte vorher tagelang geschneit. Die Straßen waren vereist und mir wurde unwohl bei der Vorstellung, dass wir unter diesen Wetterverhältnissen mit dem Truck fahren müssen. Es gab aber keine andere Möglichkeit, denn wir brauchten Essen. Bei mir daheim wäre keiner mit halbwegs gesundem Menschenverstand auf die waghalsige Idee gekommen, sich bei diesen Wetterverhältnissen in sein Auto zu setzen, denn es wäre einfach zu gefährlich gewesen. Ich teilte meine Sorge meinem Freund mit und fragte: „Was machen wir denn, wenn wir von der Straße abkommen und im Graben landen? Was ist, wenn wir einen Unfall bauen?". Nate antwortete mir darauf ganz trocken: „Das sehen wir dann, wenn es soweit ist." Ich schaute ihn verdutzt an. Was sollte das denn nun heißen? Ich fragte ihn, ob er denn keine Angst hätte. Anstatt mir darauf eine Antwort zu geben, erzählte er mir eine kleine Geschichte. Er sprach von einem großen schwarzen Raben, der durch die Gegend fliegt und sich gerne auf die Schulter der Menschen setzt. „Du musst selbst entscheiden, ob der Rabe sich bei dir niederlassen darf, um seine Flügel um dein Gesicht zu legen, damit er dir die Sicht versperren kann. Mach`s so wie ich, verscheuch ihn einfach, dann zieht er weiter".

Ich war also alleine auf der Farm und wollte den symbolischen Vogel loswerden, der es sich schon auf meiner Schulter bequem gemacht hatte. Zuerst musste ich den Auslöser für meine Angstgefühle festmachen. In meiner wilden Fantasie stellte ich mir Szenarien vor wie, dass bewaffnete Fremde nachts in mein Haus einbrechen und mir etwas antun. Oder, dass ich draußen während meiner Arbeit von wilden Tieren angegriffen werde. Das waren meine Ängste und die musste ich annehmen oder besser gesagt akzeptieren, dass sie da sind. Daraus ergab sich für mich die Frage, was ich dagegen tun konnte. Wie sieht die Lösung aus? Als nächstes beschäftigte ich mich damit, welche Handlungsmöglichkeiten ich hatte und von denen gab es viele. Ich konnte mich in meinem Zimmer verkriechen, ich hätte abhauen können, ich hätte meinem Kumpel sagen können, dass er doch wieder zurückkommen muss. Und dann musste ich schließlich eine Entscheidung treffen. Ich wollte mutig sein und die Situation auf mich zukommen lassen und in dem Moment musste ich loslassen. Loslassen und davon ausgehen, dass mein gefällter Entschluss der Richtige war und an dem durfte ich auch dann nicht mehr zweifeln.

Was ist denn überhaupt Mutigsein? Ist es die Abwesenheit von Angst oder die Überwindung trotz der Angst? Für mich war es Letzteres. Mut wurde auf meiner Reise mein stetiger Gefährte und er ließ mich wachsen. Ich machte die Erfahrung, dass Mut häufig mit Leichtsinn vertauscht wird, es gab aber bedeutende Unterschiede. Ich wollte meine Ängste fortan weniger ernst nehmen und wohlüberlegt mutiger sein. Aber wie geht das denn jetzt? Ich nannte es ein „entschlossener Draufgänger" werden. Ich wollte meine Ängste nicht mehr als Schwachstellen ansehen, vielmehr als Sprungbrett zur Tapferkeit. Ich lernte, dass Mut damit einherging, Vertrauen zu sich selbst zu entwickeln und das hatte ich damals nur bedingt. Konnte ich mich ausnahmslos auf mich verlassen? Warum war denn auch mein Selbstvertrauen für diese Angelegenheit so wichtig? In erster Linie hatte ich damals Angst vor dem Unbekannten. Davor, nicht zu wissen, was kommen wird. Dementsprechend wusste ich nicht, was mich erwarten würde und ob ich damit überhaupt umgehen könnte. Ich zweifelte also an mir selbst, dass ich mit bestimmten Situationen nicht klarkommen könnte und das verlieh mir meine Angstgefühle. Im Umkehrschluss war also die Antwort auf die Frage, was ich denn brauche, um ein sorgenfreies Leben zu führen, dass ich den Glauben an mich selbst haben muss. Wie würdest du dir diese Frage beantworten?

Die allermeisten „Ängste" kommen aus dem Verstand. Ich habe Sorgen oder auch Ängste in meinem Leben, weil ich mir Gedanken mache. Für mich war es also logisch, dass ich mir ab sofort weniger Gedanken machen musste. Ich nahm mir währenddessen auch vor, dass ich meine Sorgen in etwas Positives umwandelte. Ich musste mich davon überzeugen, dass mir meine vermeintlichen Ängste helfen wollten. Dass sie dazu da waren, um mich vor etwas zu beschützen. Kommen wir nochmal darauf zurück, ob wir denn wirklich von Ängsten sprechen, wenn wir denken, dass wir Angst haben. Jeder von uns hat täglich Situationen, die er als unbehaglich oder bedrohlich empfindet. Sei es, angeblich Angst davor zu haben, zu spät zu kommen, zu wenig Geld dabei zu haben, seine Arbeit nicht gut genug zu machen oder auch, dass man Erwartungen anderer nicht entspricht. Schmeckt meinen Kindern, was ich ihnen zu Essen koche? Bin ich eine gute Mutter? Das könnte man ewig so weiterspinnen, aber sprechen wir hier wirklich von Angst? Anderes Beispiel. Stell dir vor, du bist im Zoo. Du stehst vor dem Löwenkäfig und aus welchem Grund auch immer, geht das Tor auf und der hungrige Löwe steht unmittelbar vor dir. Das meine ich, wenn ich von Angsthaben spreche. In dem Moment habe ich keine Sorge, dass mich der Löwe womöglich angreift, in dem Moment habe ich pure Angst. Vielleicht ist es gemein, an dieser Stelle eine Löwenbegegnung mit einem nicht schmeckenden Essen zu vergleichen und mir geht es in keiner Weise darum, unsere Sorgen zu verharmlosen, aber ich möchte klarstellen, dass Ängste und Sorgen nicht dasselbe sind. Wenn wir den Löwen als Basis unserer Angst nehmen, dann frage ich dich noch einmal, wie oft du eigentlich ernsthaft Angst im Alltag hast. Ich gehe dir voran mit der Antwort und sage „Nie". Was will ich denn jetzt damit bezwecken? Ich möchte dir verdeutlichen, dass dein Leben angstfrei ist und du lediglich Sorgen hast. Das muss überhaupt nicht weniger schlimm sein, aber müssen wir denn überhaupt Sorge haben? Wie Recht mein kanadischer Freund doch hatte, als er mir sagte, dass er sich erst Sorgen macht, wenn das Szenario, vor dem er „Angst" hat, eintrifft. Alles andere ist verschwendete Zeit und dem stimme ich zu. Es bleibt jedem selbst überlassen, ob er sich sorgt und die Vorstellung, ein sorgen- und erst recht angstfreies Leben zu führen ist doch toll, oder? Keiner von uns will sich gerne freiwillig Sorgen machen, da bin ich mir sicher. Ein kluger Mann sagte einst: „Sich zu sorgen, nimmt dir deine Probleme, die in der Zukunft liegen nicht weg, sondern raubt dir den Frieden, den du heute hast" und dem gibt es nichts mehr hinzuzufügen.

Auch müssen wir uns bewusst machen, dass erst dadurch, dass wir den Dingen eine Bedeutung geben, Angst entsteht. Ich werde in einem anderen Kapitel expliziter auf das Wunderbare der Bedeutungslosigkeit eingehen, aber an dieser Stelle ist es auch ziemlich treffend und erwähnenswert, wie ich finde. Stellen wir uns noch einmal den Löwen vor, der uns gegenübersteht. Die meisten von uns würden vermutlich große Angst haben. Aber was ist, wenn jemand, der beispielsweise suizidgefährdet ist und nicht mehr leben will, den Löwen sieht? Der würde sich wahrscheinlich freuen, dass der Löwe ihm womöglich ein Ende setzt. Das klingt jetzt ganz absurd und das ist meine Absicht, denn ich will dadurch deutlich machen, dass wir selbst entscheiden, welche Bedeutsamkeit wir wem und was zuschreiben. Ich nehme noch ein zweites, etwas harmloseres Beispiel, das im Grunde das Gleiche beinhaltet. Ich möchte dir zeigen, wie sehr unser Verstand in unser Denken eingreift und wie oft wir uns damit eigentlich selbst betrügen. Jeder von uns weiß, was Vertrauen ist. Platt gesagt die Überzeugung, dass man sich auf etwas verlassen kann. Vertrauen bedeutet irgendwo auch Sicherheit und ist womöglich eines der Gegenspieler der Angst. Es gibt Menschen, die zweimal kontrollieren, ob sie ihre Haustür oder ihr Auto richtig abgeschlossen und zugemacht haben und dieselben Menschen setzen sich noch am gleichen Tag, ohne groß zu überlegen, ins Flugzeug und fliegen in den Urlaub. In dem Moment geben sie ihre Kontrolle komplett ab und vertrauen. Keiner von uns klopft ans Cockpit und schaut nach, ob überhaupt ein Pilot drinsitzt. Warum haben wir denn hier keine Angst? Wir gehen wie selbstverständlich davon aus, dass wir heile ankommen, ohne vorher geprüft zu haben, ob der Pilot vielleicht nicht völlig besoffen in seiner Kabine sitzt und trotzdem besitzen wir die Paranoia, dass unser Schlüssel nicht richtig funktionieren könnte, um unser Auto zu verriegeln. Lass das mal wirken. Wenn wir also schon so viel Zeit damit verbringen, uns mit unseren Sorgen und Ängsten zu beschäftigen, dann ist es umso wichtiger, welche Gedanken man sich macht. Du solltest Herr deiner Gedanken sein und nicht die Gedanken sollten über dich herrschen.

Ich möchte gerne nochmal genauer auf den Raben eingehen. Der schwarze Vogel steht bildlich für meine Angst oder Sorge oder vor was auch immer ich mich glaube, zu fürchten. Der Rabe ist immer da, er kreist über dir und wartet darauf, sich auf deine Schultern zu setzen. Wichtig ist, dass du deine „Ängste“ zulässt und sie akzeptierst. Es bringt gar nichts, wenn eine Freundin zu mir kommt und mir anvertraut, dass sie Angst davor hat, zu versagen und ich das damit abtue, ihr zu antworten, sie bräuchte gar keine Angst zu haben. Das ist Quatsch und hilft auch niemandem weiter. Was ich meine, ist, dass die Angst oder Sorge ruhig da sein kann, aber man muss wissen, wie man mit ihr umgeht. Ich tat Folgendes, ich gab meinem Raben einen Namen. Da ich mich meinen Ängsten vorwiegend das erste Mal in meinem Leben in Kanada stellte, ließ ich mich von englischen Namen inspirieren und taufte meinen Raben mit dem Namen Randy. Randy war mein Begleiter, aber nicht mein Freund und diese Grenze musste ich ihm immer wieder aufs Neue setzen. Wenn ich nun wusste, ich musste beispielsweise abends in die Dunkelheit raus, um die Tiere zu füttern, dann konnte ich sicher sein, dass wenn ich nach oben schaute, Randy über mir war, bereits im Landeanflug, mit der Intention, sich auf mir niederzulassen. Er wusste nämlich, dass sich Sorgen in mir anbahnten und damit machte ich ihm Platz auf meiner Schulter. Immer, wenn sich „Angst" in mir breitmachte, guckte ich also zu Randy nach oben und sagte ihm, dass er es gar nicht erst versuchen soll und so blieb er fern. Ich sah zwar ab und zu seinen Schatten auf dem Boden, aber das beunruhigte mich nicht mehr. Eher ließ es mich gut fühlen, dass ich meine Sorgenmacherei nun im Griff hatte und das sollte so bleiben. Wenn Randy es aber doch schaffte, auf meiner Schulter zu landen, befolgte ich, was ich gelernt hatte: Zuerst identifiziere ich meine Angst und zwar, ohne sie zu bewerten. Danach überlege ich mir, welche Möglichkeiten ich habe, meine Situation zu lösen und anschließend treffe ich eine Entscheidung. Ganz wichtig ist, dass ich diesen Entschluss, wenn er einmal getroffen ist, nicht mehr anzweifle. Genauso, wie wenn ich mir was auf Amazon bestelle. Dann ist es gekauft und ich muss warten, bis mein Paket angekommen ist und in der Zwischenzeit bringt es mir absolut gar nichts, diesen Kauf infrage zu stellen. Aber ich muss auch zugeben, dass Entscheidungentreffen manchmal gar nicht so leicht ist. Manche Entscheidungen haben es nämlich in sich und jeder von uns hat hin und wieder Angst, sich entscheiden zu müssen und das bringt mich zu einer ganz anderen Geschichte.

Kapitel 4

Ich bin irgendwas zwischen einem Warmduscher & Kaltduscher

Jeder von uns trifft am Tag um die 20.000 Entscheidungen. Das hört sich viel an, aber eigentlich tun wir ja auch nichts anderes, oder? Unser gesamtes Leben besteht aus Entscheidungen. Ich entscheide mich dazu, aufzustehen oder zu verschlafen, zu frühstücken, was ich anziehe, ob ich zur Arbeit gehe, welche Laune ich habe, wie ich meine freie Zeit verbringe und wann ich abends wieder ins Bett gehe. Dafür, dass ich mich so oft entscheiden muss, war ich ziemlich schlecht darin. Ein wesentlicher Punkt, mit dem ich mich näher befassen möchte, ist, weshalb wir für manche Entscheidungen länger brauchen als für andere und inwiefern das unser Leben enorm verändern kann.

Es gibt immer mehr Leute, die behaupten, dass erfolgreiche Menschen die Eigenschaft besitzen, schnell entscheiden zu können und ich wollte gerne wissen, warum das denn so wichtig ist. Ich war lange Zeit jemand, der sich immer genau in der Mitte befand, ich war also ziemlich unentschlossen. Wobei man das gar nicht so pauschal sagen kann, denn bei mir hing es sicherlich davon ab, um was es ging, also welche Entscheidung ich fällen musste.

Um wichtige Entscheidungen treffen zu können, bedarf es einer gewissen Selbstsicherheit und bei dieser möchte ich gerne ansetzen. Um mich für etwas oder gegen etwas zu entscheiden, muss ich wissen, was ich will. Das Problem, was bei mir auftauchte, war, dass ich genauso überlegte, ob andere das denn auch so wollten. Du beziehst nämlich andere Menschen in deine Entscheidungen oftmals mit ein, denn von dir wird ein gesellschaftskonformes Verhalten erwartet. Ist denn auch Person XY mit meiner Entscheidung einverstanden? Was ich ganz dringend lernen musste, abgesehen vom Entschlossenerwerden, nannte ich „to stand up and speak up for yourself".

Wie kann es sein, dass jeder von uns ein anderes Leben führt? Wir treffen unterschiedliche Entscheidungen. Wir bestimmen jeden Tag aufs Neue, wie wir leben und das tut der eine bewusster als der andere. Ich stoße viel zu oft auf Freunde, Bekannte oder Verwandte, die sich ihr Leben so unglaublich schwermachen, aufgrund der Tatsache, dass sie sich nicht entscheiden können und ihre Entscheidungen nur so vor sich herschieben. Ich erschuf mir ein symbolisches Bild. Während ich in Kanada war, reiste ich mit einem Backpack und das kann ganz schön anstrengend werden, denn dieser Rucksack war ziemlich schwer. Genauso stellte ich mir vor, dass mein imaginärer Rucksack bis oben hin voll war, bestehend aus Entscheidungen, die ich an diesem Tag treffen musste. Je schneller ich entschied, desto leichter wurde mein Rucksack und ich hatte nicht mehr so viel zu tragen. Damit ersparte ich mir Energie, Anstrengung und Rückenschmerzen. Du musst also Dinge aus deinem Rucksack aussortieren und rausschmeißen und in dem Fall heißt das, du musst Entscheidungen treffen, damit du wortwörtlich leichter und auch schneller durch dein Leben gehen kannst.

Ich beschäftigte mich intensiv damit, wieso es mir schwerfiel, mich zu entscheiden. Die Entscheidung, in Kanada bei -30 Grad eine dicke Jacke anzuziehen, fiel mir deutlich leichter, als zu entscheiden, wie ich denn meinen Tag gestalten wollte. Vielleicht lag es daran, dass ich bei dieser Entscheidung zu viele Optionen hatte, die meine Entscheidung erschwerten. Was ich aber relativ schnell merkte, war, dass es eigentlich in den seltensten Fällen darum ging, für was ich mich entscheide, sondern eher, dass ich es überhaupt tue.

Was mich anfangs ein wenig beruhigte, war die Tatsache, dass ich immer eine Wahl habe. Egal, um was es geht, ich habe immer mehr als eine Möglichkeit zu handeln und das gab mir ein Gefühl von Stärke. Ich bin keiner Situation ausgeliefert, in der ich nicht entscheiden darf. Was mich eben nur häufig verunsicherte, waren die Konsequenzen meiner Entscheidungen, denn für jede getroffene oder nicht getroffene Entscheidung bezahle ich den Preis.

Wir wägen ja ständig ab und oftmals fällt uns gar nicht auf, dass wir meistens einen gehörigen Denkfehler haben, wenn wir entscheiden und damit im Nachhinein nicht zufrieden sind, da wir uns ein anderes Resultat erhofft haben. Ich gebe dir ein Beispiel. Du sitzt im Restaurant und schaust dir die Speisekarte an. Du bist dir nicht sicher, ob du die Nudeln oder die Pizza nehmen sollst. Du entscheidest dich für die Nudeln. Anschließend bringt der Kellner dir dein Essen und es schmeckt dir nicht. Die Mehrheit würde nun den logischen Schluss ziehen und sich ärgern, nicht die Pizza genommen zu haben. Frage an dich. Woher willst du denn wissen, ob dir die Pizza (besser) geschmeckt hätte? Die Pizza hat rein gar nichts mit den Nudeln zu tun. Vielleicht hat an dem Tag ein schlechter Koch dein Essen zubereitet und du wärst mit keinem servierten Essen zufrieden gewesen, egal, was du bestellt hättest. Anderes Beispiel. Du planst deinen nächsten Sommerurlaub am Strand und hast zwei Reisedestinationen in der engeren Auswahl. Du musst entscheiden, ob du nach Spanien fliegst oder nach Frankreich. Dann bist du in Spanien und das Wetter ist schlecht oder du wirst krank oder es beklaut dich jemand. Auch hier bist du verleitet zu sagen, der Frankreichurlaub wäre besser geworden, aber wer sagt dir denn, dass es dort nicht zur selben Zeit geregnet hätte? Merkst du, dass deine Optionen, die du hast, stets unabhängig voneinander sind? Somit können wir überhaupt keine vermeintlich falschen Entscheidungen treffen. Wir machen uns teils bekloppt damit, eine bevorstehende Entscheidung zu fällen, weil wir sie nicht bereuen wollen. Mach dir aber mal klar, dass du dabei nicht verlieren kannst. Entweder du bist am Ende zufrieden mit deinem Entscheid oder du lernst eben dazu und das ist nichts, wovor du zurückschrecken brauchst. Oftmals basieren die „richtigen“ Entscheidungen auf den „falschen“ Entscheidungen. Wir müssen erst frieren, damit wir wissen, dass wir uns das nächste Mal wärmer anziehen. Wir müssen uns erst am heißen Backofen verbrennen, damit wir wissen, dass es wehtut. Wir müssen erst verraten werden, damit wir wissen, wem wir vertrauen können. Diese Erfahrungen schärfen unsere Intuition und geben uns die Möglichkeit aus unseren Fehlentscheidungen zu lernen und an ihnen zu wachsen. Vermeintlich falsch getroffene Entscheidungen sind demnach keine Fehler, für die du dich bei anderen oder dir selbst entschuldigen brauchst oder gar bereuen müsstest, sondern es sind unschätzbare Learnings für dein weiteres Leben. Fürchte dich vor keiner Entscheidung und vertraue darauf, dass du sowieso nichts kaputt machen kannst, was für dich bestimmt ist. Wenn du dich gegen einen Menschen entscheidest, der für dich vorgesehen war, dann wird er nochmal in dein Leben treten. Wenn du ein Jobangebot ablehnst, das dazu da war, um von dir angenommen zu werden, dann wird es wann anders zu dir finden. Sei dir sicher, dass du nichts verbocken und vermasseln kannst, was für dich gemacht ist.

Ich persönlich hatte vor größeren Entscheidungen sehr häufig die Sorge, dass ich dadurch etwas verlieren könnte. In der Regel machen wir uns vor einem Entscheid ja Gedanken dazu, was wir überhaupt davon haben bzw. was wir bekommen, wenn wir uns für etwas entscheiden. Manchmal macht es aber auch mindestens genauso viel Sinn, sich zu fragen, was wir mit einer Entscheidung verlieren und das muss nicht immer zwingend mit etwas Schlechtem assoziiert werden. Natürlich können wir mit manchen Entscheidungen womöglich etwas verlieren, das wir gar nicht vorhatten aufzugeben wie z.B. einen Freund oder unseren Job, aber hin und wieder ist Verlust auch vielleicht gar nicht so verkehrt. Denk doch mal darüber nach, dass du mit einer bestimmten Entscheidung vielleicht auch deine Angst oder deine Wut oder deine Unsicherheiten verlieren könntest. Nicht alles, was in deinem Leben wegfällt oder das du verlierst, ist automatisch ein Verlust.

Für mich impliziert sich zu entscheiden, eine eigene Meinung zu haben und das ist gut. Unentschlossenheit bringt dich in deinem Leben keineswegs weiter und lässt dich den Fokus verlieren. Ich war jahrelang undercover unterwegs und habe meinen Wankelmut getarnt, indem ich eine Ja-Sagerin gewesen bin. Ich überließ regelrecht anderen meine Entscheidungen, die eigentlich ich zu treffen hatte und damit kannst du dir selbst gewaltig schaden. Außerdem ist das Abgeben von Entscheidungen an andere eine subtile Weigerung von Verantwortungsübernahme. Bei mir sind das ganz harmlose Situationen gewesen. Freunde legten bei den Verabredungen mit mir fest, wann wir etwas zusammen machten, da es mir egal war, wie ich immer sagte. Nun stand das besagte Treffen mit einer Freundin an und ich merkte, dass ich gar keine wirkliche Lust hatte. Ich hätte ihr unmöglich absagen können, denn ich wollte es ihr ja recht machen, aber in dem Moment entschied ich mich dann automatisch gleichzeitig gegen mich selbst. Das ist ja ab und zu mal ganz löblich, sich für jemand anderen zu entscheiden, aber auf Dauer funktioniert das nicht, denn damit wirst du dir selbst nicht gerecht. Dennoch hatte ich Sorge, dass meine Mitmenschen meine Entscheidungen nicht gutheißen würden und persönlich nehmen, im Sinne von, dass ich mich gegen sie entschied. Davon musste ich mich ganz klar lösen. Es gibt nichts Tolleres, als sich immer wieder aufs Neue für sich zu entscheiden und genauso versuchte ich es zu erklären: „Sei mir nicht böse, es ist keine Entscheidung gegen dich, aber eben für mich“ und das haben andere zu akzeptieren. Damit einhergehend stellte ich mir vor all meinen Treffen, Terminen und Verpflichtungen die Frage, welchen Mehrwert diese Angelegenheit denn für mich hat und das erleichterte mir fortan bestimmter durch mein Leben zu gehen. Denn, wenn es mir nichts brachte und mich nicht weiterbrachte, etwas zu tun, dann ließ ich es ab sofort bleiben, denn ich lernte, dass meine Zeit kostbar und vor allem begrenzt ist. Am liebsten hätte ich insbesondere an den Wochenenden auf zehn unterschiedlichen Hochzeiten getanzt und nirgendwo abgesagt, aber man muss eben Prioritäten setzen. Es war erfrischend und fühlte sich gut an, auch mal Nein zu sagen und so sehr ich auch teils die verständnislosen Reaktionen der anderen fürchtete, so ging es mir damit wesentlich besser und ich habe seitdem weitaus mehr Lebensqualität. Entscheiden heißt machen und dadurch, dass du deine Entschlüsse umsetzt, kommst du ein ganzes Stück weiter. Und wie viele Sachen hätte ich in meinem Leben schon geschafft, hätte ich sie einfach weiter gemacht?

Es gibt ja diesen altbekannten Spruch „Aufgehoben ist nicht aufgeschoben“. Ich würde ihn gerne etwas ergänzen: Aufgehoben ist nicht aufgeschoben, sondern schlimmer. Dadurch, dass wir viele Entscheidungen auf später, morgen und nächste Woche verlegen, treffen wir sie am Ende meist gar nicht. Natürlich gibt es dabei Ausnahmen, aber dennoch vertagen wir sie gerne. Wenn du mal wissen möchtest, was du für ein Entscheidungentreffer bist, dann gehe einfach mal in ein Café und beobachte dich dabei, wie lange du brauchst, um zu wissen, was du bestellst. Einen blöden Kaffee auszusuchen ist keine wirklich schwierige Aufgabe, die schon gar nicht lange dauern sollte und trotzdem gibt es unter uns genug Menschen, die daraus eine Lebensaufgabe machen. Wenn du dich auch zu diesen Leuten zählst, dann machst du dir aktuell dein Leben noch sehr schwer. An dieser Stelle darfst du dann jetzt gerne einmal über dich lachen und dir für ab sofort vornehmen, an deiner Entscheidungsfreudigkeit zu arbeiten.

Auch lernte ich auf meinen Reisen, dass es einen gewaltigen Unterschied machte, ob ich mit einem „even if“ oder „what if“ Mindset unterwegs war. Das WHAT IF (dt. was ist, wenn) ist gegründet in Angst und Hilflosigkeit und das bevorzugen wir häufig gerne, wenn wir die Konsequenzen unserer Entscheidungen abwägen. Was ist, wenn das nicht klappt? Was ist, wenn ich das nicht schaffe? Solche Fragen kreisen in unseren Köpfen und hemmen uns, einen Schritt weiter nach vorne in unserem Leben zu machen. Da finde ich das EVEN IF (dt. selbst wenn) doch viel schmackhafter. Selbst, wenn es nicht klappt oder selbst, wenn ich es nicht schaffe ist doch ein weitaus erfolgversprechenderer und zielführenderer Grundgedanke oder?

Ich persönlich musste mich definitiv auch davon lösen, für alle der Müllschlucker zu sein. Es kommen permanent Menschen zu dir, die ihren Schrott bei dir abladen wollen. Seien es Probleme oder schlechte Launen, mit denen du rein gar nichts zu tun hast und trotzdem stehst du in Augen anderer in der Position, dass du ihnen irgendwie helfen oder zumindest Verständnis für sie haben sollst. Natürlich ist man für seine Freunde da, will sie unterstützen, trösten und gernhaben, aber man muss trotzdem Grenzen setzen. Es kommt jemand weinend zu dir und du bietest ihm ein Taschentuch an.

Irgendwann ist diese Taschentuchverpackung aber leer und dann muss die Person sich Neues besorgen, das ist nicht deine Aufgabe. Niemand darf von dir erwarten oder gar verlangen, dass du neue Taschentücher kaufst, die gar nicht für dich selbst sind.

Du kannst die Leute um dich herum nicht ändern, aber du kannst um dich herum die Leute ändern. Lasse diesen Satz einmal wirken. Du hast nichts damit zu tun, wie sich die Menschen in deiner Gegenwart benehmen, aber du kannst entscheiden, wer dich umgibt. Als ich meinen Weg zu einem selbstbestimmteren und glücklichen Leben angetreten bin, kam mir dabei der ein oder andere in die Quere und ich spreche nicht unbedingt von fremden Personen. Wenn du dich dazu entscheidest, an dir selbst zu arbeiten und den Fokus auf ein positives Mindset zu legen, gibt es immer welche, die dich davon abhalten, wenn auch ungewollt. Ich musste unweigerlich lernen, konsequent Grenzen zu setzen und das für meinen eigenen Seelenfrieden. Es gibt da draußen genug Menschen, die ihre Probleme gerne zu den Problemen anderer machen und damit war für mich Schluss. Natürlich höre ich mir die Probleme meiner Freunde an, aber mindestens genau so sehr nehme ich sie mir dann auch zu Herzen und das ist fatal. Wenn ich also gerade dabei war, meine eigenen schwierigen Angelegenheiten zu lösen und aus der Welt zu schaffen, kamen andere mit ihren Problemen zu mir und das hemmte meinen Prozess weiterzukommen enorm. Also musste ich meinem Gegenüber ganz deutlich zum Ausdruck bringen, dass ich gerade nicht an seinen Problemen interessiert bin. Für manche war ich damit der egoistische Freund, der sich nicht mehr für das Leben anderer interessiert und von manchen bekam ich wiederum Anerkennung, da sie wussten, was dahintersteckte. Der Grat zwischen Egoismus und Selbstliebe bzw. Selbstrespekt kann manchmal ganz schmal sein und nicht jeder kennt überhaupt den Unterschied. Auch ich hatte anfangs nur ein dilettantisches Bewusstsein dafür, wo der Unterschied liegt, aber den musste ich kennen. Wenn ich beispielsweise auf der Arbeit wiederholt gefragt werde, ob ich an einem meiner freien Tage aufgrund von Personalmangel aushelfen kann und ich verneine, dann gelte ich für meinen Chef aller Voraussicht nach als Person, die ihre Arbeitskollegen im Stich lässt. An dieser Stelle muss ich dann klarstellen, dass es aber auch nicht mein Problem ist, dass wir zu wenig Mitarbeiter haben, sondern das ist das Problem meines Vorgesetzten. Mein Vorgesetzter versucht in dem Moment, sein Problem zu meinem zu machen und das darf ich nicht zulassen. Hinzu kommt, dass versucht wird, ein schlechtes Gewissen zu erzeugen, wenn man dann mal nicht der Problemlöser ist und das prallt mittlerweile in den allermeisten Fällen an mir ab. Zwar nehme ich damit in Kauf, dass ich als rücksichtslos und egoistisch gelte, aber mir bleibt dann auch nichts anderes übrig, als damit zu leben. Vor Kurzem steckte ich in einer für mich stressigen Klausurenphase und da konnte ich es nicht gebrauchen, wenn alle um mich herum mit ihren Problemen zu mir kamen und dann sogar noch erwarteten, dass ich diese für sie löse. Ich kann auch nichts dafür, dass jemand unzufrieden mit seinem Job oder seiner Beziehung ist und es ist schon gar nicht meine Aufgabe, das Problem für andere zu beseitigen. Jeder von uns ist völlig für sich selbst verantwortlich. Wir merken es oftmals nicht, aber es tut uns doch überhaupt nicht gut, wenn wir permanent diese Negativität im Leben haben und mit Problemen konfrontiert sind, die noch nicht einmal unsere eigenen sind. Auf jeden Fall versuche ich immer für die Menschen da zu sein, die mir wichtig sind, aber das heißt nicht automatisch, dass ich fremde Probleme zu meinen mache. Letztens hat mich eine Freundin gefragt, ob ich mit ihr ein Geschenk für einen Geburtstag kaufen gehe und ich verneinte, weil ich einfach bloß einen ruhigen Tag mit mir alleine haben wollte und ihre Antwort war, dass sie es schade findet und sie nicht wüsste, wen sie sonst fragen soll. Auch hier wieder: Ja aber ist das denn mein Problem? Nein! Hierbei geht es ja noch nicht einmal wirklich um ein ernsthaftes Problem, aber das Prinzip ist dasselbe. Vielleicht hört sich das alles zu hart für dich an, aber glaube mir, du hast ein so viel positiveres Mindset und einen besseren Fokus auf die wirklich wichtigen Dinge in deinem Leben, wenn du solche Situationen von vornherein unterbindest. Ich muss mich nicht schlecht fühlen, wenn ich dafür einstehe, was mir guttut und das sollte jeder respektieren. Das macht mich nicht gleich zu einem Egoisten oder gar Egomanen. Jeder von uns hat bedeutsame Personen, die aber eben auch ständig neue Probleme aus dem Hut zaubern und manchmal muss man dann zeitweise oder auch langfristig Abstand nehmen. Es ist so wichtig, sich dauerhaft mit Leuten zu umgeben, die eine ähnliche Energie haben wie du. Stell dir vor, du verbringst einen ganzen Tag mit einem Freund, der nur schlechte Laune hat und in allem ein Problem sieht. Die Wahrscheinlichkeit, dass er dich runterzieht und von deinem positiven Mindset abbringt, ist viel größer, als dass du ihn mit deiner Fröhlichkeit ansteckst. Du kannst nichts für deinen Freund tun. Es ist sein Problem und im Übrigen auch seine Entscheidung, welche Laune er hat und es ist nicht deine Aufgabe, diese Probleme zu deinen zu machen. Auch, wenn ich liebend gern den Großteil meines Lebens den Samariter gespielt habe, so musste ich einsehen, dass am Ende des Tages mein eigenes Wohl vor das der anderen geht und das ist in keinem Fall verwerflich. Du entscheidest dich nicht gegen andere, sondern in erster Linie für dich und das versteht nicht jeder, aber auch das liegt nicht in deinem Verantwortungsbereich.

An dieser Stelle ist es mir super wichtig, meine Sichtweise diesbezüglich ganz eindeutig zu formulieren, damit ich nicht missverstanden oder als Egoist gesehen werde. Ich möchte nicht der klassische Clown im Zirkus sein, der selbst ein unglückliches Leben führt, aber sein Job darin besteht, in der Abendvorstellung seine Zuschauer zu belustigen. Auch möchte ich nicht diejenige sein, die ihren Freunden Fische serviert, wenn sie hungrig sind. Vielmehr ist es mein Anliegen, ihnen das Angeln beizubringen. Das Angeln steht hierbei sinnbildlich für das eigenständige Lösen von Konflikten. Ich baue anderen gerne ein Fenster, aber hinausschauen müssen sie selbst.

Entscheidungen treffen bedeutet auch, Klarheit zu haben. Auch ich will selbstverständlich wissen, wo ich bei anderen stehe und wenn diejenigen sich nicht sicher sind, dann streiche ich sie. Menschen, die mich nicht wertschätzen und nicht wissen, was sie an mir haben, die brauche ich nicht in meinem Leben. Erstaunlicherweise vermisse ich sie auch nicht, was nicht bedeutet, dass sie nicht auch wieder zu mir zurückfinden können. Ich schließe nicht meine Tür für sie, aber ich halte sie eben auch nicht mehr auf. Vielleicht hilft es dir besser, wenn du dir das Bild vorstellst, von dem ich dir erzähle. Du setzt dich hungrig mit deinem Teller an einen Tisch und wenn du das Gefühl hast, dass du dort nicht satt wirst, dann stehst du höflich auf und gehst wieder. Wenn die Leute an diesem besagten Tisch dir nicht das Essen geben können, was du verdienst, dann hast du dort nichts mehr zu suchen und dann setzt du dich eben an einen anderen Tisch. Es ist nicht schwer, aufzustehen und zu gehen, aber es wird dich auch niemand von sich aus dazu auffordern, deshalb ist es umso wichtiger für dich zu wissen, ob du gerade wirklich auf dem richtigen Platz sitzt. Meine Devise ist hierbei: Wenn dir eine Person oder eine Situation keine Freude, keine Inspiration, keinen Orgasmus oder kein Einkommen bringt, dann schmeiß sie aus deinem Leben.

Sich für etwas Gutes in seinem Leben zu entscheiden, fühlt sich meistens zuerst schlecht an. Wenn ich beispielsweise sportlicher werden will, dann muss ich auch erstmal an meinem Schweinehund vorbei, hart trainieren, um dann einen Erfolg zu sehen. D.h., der anstrengende Kampf fühlt sich vielleicht nicht unbedingt gut für mich an, aber wenn ich mein Ziel erreicht habe, geht es mir besser. Umgekehrt fühlen sich die schlechten Dinge häufig auch erst gut an, bevor wir merken, dass sie uns überhaupt nicht guttun. Man hat erst nach dem Süßigkeitenessen Bauchschmerzen oder bekommt seinen Kater vom Alkohol auch erst einen Tag nach der Partynacht. Schrecke also nicht vor einer positiven Veränderung zurück, bloß, weil es sich anfänglich nicht gut anfühlt. Ich hatte auch erst Sorge, manche Freunde zu verlieren, mit den Entscheidungen, die ich getroffen habe, aber nach einer Weile merkte ich, dass es mir damit wesentlich besser ging.

Es ist okay, für sich einzustehen und nicht immer dasselbe zu wollen, wie die meisten anderen. Ich machte die Erfahrung, dass meine Entschlusslosigkeit vielmals ausgenutzt wurde. Ich sage nicht, dass es einfach ist, immer hinter seiner Meinung zu stehen und mit den Konsequenzen seiner Entscheidungen zu leben, aber wem geht das denn nicht so?

Am Ende des Tages bin ich allein dafür verantwortlich, dass es mir gut geht und ich zufrieden sein kann. Trotzdem lege ich auch heute noch teilweise ein viel zu großes Augenmerk auf andere. Wem stoße ich möglicherweise vor den Kopf, wenn ich ehrlich zugebe, wie ich über gewisse Begebenheiten denke? Falle ich meinem Chef nicht doch in den Rücken, wenn ich nicht für meinen Arbeitskollegen einspringen kann, weil ich schon anderweitig verplant bin? Bin ich trotzdem eine gute Freundin, obwohl ich eine Verabredung absage? All das sind Fragen, die hin und wieder in meinem Kopf kreisen, wenn ich es zulasse. Natürlich ist es uns wichtig, was andere von uns denken und das bekommen wir leider auch nur ganz schwer abgelegt. Selbstverständlich wollen wir lieber positive Eigenschaften zugesprochen bekommen und als zuverlässiger Mitarbeiter gelten und allgegenwärtiger Freund betitelt werden, als jemand, der seine Liebsten im Stich lässt, aber wir müssen uns mal vor Augen halten, dass wir es sowieso niemals allen recht machen können. Wir können nicht immer für alle gleichzeitig das Rettungsboot sein. Und es ist keinesfalls verwerflich, zuerst an sich selbst zu denken. Das ist nicht selbstsüchtig, sondern hat wie bereits gesagt eine ganze Menge mit Selbstrespekt zu tun. Was tut MIR denn jetzt gerade gut? Manchmal braucht man eben auch eine Verabredung mit sich selbst und da hat kein anderer etwas zu suchen. Ich habe für mich verinnerlicht, dass es in meinem Leben etliche Menschen gibt, die mich begleiten, aber wer möchte denn auch wirklich bleiben? Wer will mit mir in dieselbe Richtung? Das ist eine Entscheidung, die mich eigentlich gar nichts angeht, denn ich will niemanden dazu zwingen, Teil von meinem Leben sein zu müssen. Wenn jemand also keine Akzeptanz dafür aufbringen kann, dass ich mir selbst am wichtigsten bin, dann darf er von mir aus gerne wieder gehen und das ist meinerseits absolut nicht böse gemeint. Nur ist es heutzutage zugegebenermaßen ziemlich schwer, sich treu zu bleiben, in einer Gesellschaft, die sich eklatant wenig dafür interessiert, ob du dich selbst lieben kannst oder eben auch nicht.

Kapitel 5

„Cityots“ vs. „Rednecks“

Heutzutage ist Selbstliebe ein Phänomen, wie ich finde. Vielleicht sogar schon ein kleines Wunder, denn unsere Eigenliebe stößt auf viele Hindernisse. Wir machen unseren Selbstwert partiell an der Gesellschaft fest, messen unsere Fähigkeiten daran, was wir schon geschafft haben und das ist ein Teufelskreis. Es muss immer höher, besser, weiter und schneller gehen und das hindert uns daran, einfach mal zufrieden zu sein, mit dem Menschen, der wir sind. Beim Smalltalk ist es üblicher, die Fragen gestellt zu bekommen, wie die Schule läuft, wie weit man in seinem Studium ist, welche Position man auf der Arbeit hat, ob das nächste neue Auto oder ein noch größeres Haus schon bald in Sicht ist, aber wann wurde ich das letzte Mal ernsthaft danach gefragt, wie es mir geht, wohin ich als nächstes in den Urlaub möchte oder, ob der Hund von meiner Tante noch lebt? Das ist scheinbar, worum sich unsere Welt dreht, aber das finde ich ziemlich traurig. Alles wird unpersönlicher und ich fühle mich immer mehr wie eine Maschine, die nur danach beurteilt wird, ob und wie gut sie funktioniert und welchen Nutzen sie hat. Das ist unser selbstgeschaffenes Hamsterrad, in dem wir alle drinstecken und in das wir schon hineingeboren werden.

Als ich in Kanada war, merkte ich mit der Zeit, dass es auch hier starke gesellschaftliche Disparitäten gibt. So sind die

Farmer vom Land in den Augen der Großstadtbewohner ungebildete Bauern, die sich, wenn überhaupt, nur widerwillig an geltende Normen halten, sich sozial isolieren und lieber ihr Einsiedlerding machen, fernab von jeglicher Zivilisation. Umgekehrt sind die Menschen aus der Stadt die Idioten, die viel zu viel Wert auf Materielles legen und für die nur Prestige zählt. Nun fand ich beide Ansichten ziemlich interessant und es machte mich neugierig, welche Front denn wahrhaftig mehr mit der Selbstliebe zu kämpfen hat. Den Großteil meiner Reise verbrachte ich auf dem Land und ich bekam dort einen sehr ehrlichen und ungetrübten Einblick in das Leben vermeintlich einfacher Menschen. Mich beschäftigte der Aspekt mit Abstand am meisten, warum diese Leute bewusst die Teilhabe am Rest der Gesellschaft ablehnten und ihre ganz eigene Art und Weise hatten, durch ihr Leben zu stapfen. Für mich war es damals noch nicht einleuchtend, warum jemand freiwillig seinen Platz in der Gesellschaft abtritt, dafür fehlte mir die geistige Ausgereiftheit und das Verständnis für die unzähligen Faktoren, die daran maßgeblich beteiligt sind.

Jedem von uns ist „fear of missing out“ mittlerweile ein Begriff. Man hat Angst davor, zu verpassen, von der Gesellschaft nicht angenommen oder gar verstoßen zu werden. Wir wollen mit anderen interagieren und am liebsten soll uns nichts entgehen. Social Media- Plattformen sind zweifelsfrei ein großer Beweis dafür. Auch ich kann mich davon nicht freisprechen, denn auch ich habe ein Affiliationsbedürfnis. Ich wähle Anschluss vor Zurückweisung und Nichtanerkennung und das ist nicht verwerflich, aber man hat sich damit automatisch in ein soziales Gefüge einzuordnen. In unserer Gesellschaft existieren Regeln, Normen, Werte und Vorstellungen, nach denen du dich zu richten hast und das schränkt nicht nur deine Freiheit ein, sondern erschwert dir sicherlich auch den Weg zur Selbstliebe.

Nun fragte ich meine Farmerfreunde andauernd, ob ihnen denn nichts fehle, wenn sie so weit weg vom Rest der Gesellschaft leben und ob sie sich nicht auch ab und zu danach sehnen, wieder Teil von etwas Größerem zu sein. Ich wurde daraufhin meist belächelt und meine Freunde sagten mir, dass sie ihres Empfindens nach so viel mehr haben, als alle Stadtbewohner zusammen und dabei ging es nicht um den materiellen Besitz. Auch ich wollte vom Fomo (fear of missing out) zum Jomo (joy of missing out) werden und mir bewusst machen, was mir denn ein Leben inmitten der Gesellschaft möglicherweise vorenthalten hatte, anstatt mich ausschließlich damit zu beschäftigen, welche Nachteile es mit sich zieht, kein naiver Mitläufer mehr sein zu wollen.

Wenn ich Gesellschaft sage, dann meine ich damit uns. Wir sind die Gesellschaft und wenn ich davon spreche, dass die Gesellschaft uns womöglich daran hindert, Eigenliebe zu erfahren, dann stelle ich mir die Frage, inwiefern ich beispielsweise dich davon abhalte, dich selbst lieben zu können. Ich laufe ja nicht bewusst durch die Welt und möchte dich von der Selbstliebe abbringen. Es geht darum, sein eigenes Verhalten zu reflektieren und sich aufrichtig eingestehen zu können, dass man seine Mitmenschen nicht immer gut behandelt, wenn auch unbeabsichtigt. Wir begegnen uns oft nicht mehr auf Augenhöhe und das reißt mitunter unsere Gemeinschaft auseinander.

Ich hatte meine ganz eigenen persönlichen Momente, in denen mir klar wurde, was es für einen enormen Unterschied macht, wie ich meinen Mitmenschen gegenübertrete. Ich war mal in Calgary feiern und ich hatte einen wirklich schönen Abend. Es lief gute Musik, ich hatte einen angenehmen Pegel und die Stimmung war ausgezeichnet. Das erste Mal, als ich auf die Toilette ging und mir die Hände anschließend wusch, sprach mich ein Mädchen an. Sie sagte zu mir, dass sie mein Outfit total cool findet und fragte mich, woher ich den Rock habe, den ich in dieser Nacht trug. Ich war zugegebenermaßen schon ein wenig perplex, denn von Zuhause kannte ich es eher so, dass man von den anderen Frauen kritische Blicke erntet und bei der Tuschelei untereinander hofft, dass es gerade nicht um einen selbst dabei geht. Die positive Rückmeldung des Mädchens bereitete mir nicht nur gute Laune, sondern ich fühlte mich an dem Abend hübscher und das verlieh mir Selbstbewusstsein. Ein paar Stunden später musste ich die Toilette wieder aufsuchen, dieses Mal, weil ich mich mit dem Alkohol leider ein wenig übernommen hatte, nachdem ich meinen kanadischen Freunden beweisen wollte, was Deutsche so an Bier vertragen. Ich hing also auf dem Klo und kotzte mir die Seele aus dem Leib und es dauerte nicht lange, da klopfte es an die Tür. Wildfremde Menschen, die mich noch gar nicht gesehen, sondern nur gehört hatten, sorgten sich in dem Moment um mich und wollten für mich da sein. Mir steckte jemand seinen Finger in den Hals, brachte mir Wasser und redete auf mich ein, dass es mir bald wieder besser gehen würde. Ich war so dankbar dafür und es war gleichzeitig so befremdlich für mich. Wenn ich daheim feiern war und zwischendurch mal abschmierte und gerade keiner meiner Freunde dabei war, war ich auf mich allein gestellt und konnte froh sein, wenn andere, die meine ungünstige Lage mitbekamen, nicht über mich herzogen, dass ich mein Leben nicht im Griff hatte.

Es sind die kleinen Dinge. Auch ich erwische mich heute noch viel zu oft dabei, anderen Steine in den Weg zu legen. Das können Äußerungen oder Blicke sein, die vielleicht gar nicht unbedingt die Intention haben, mein Gegenüber zu verunsichern, die aber großen Schaden anrichten können. Jeder kennt die Redewendung, dass man den Menschen nur vor den Kopf gucken kann und dementsprechend weißt du nie, was der andere gerade versucht, mit sich auszumachen. Dir steht es nicht zu, dich in den innerlichen Kampf deiner

Mitmenschen einzumischen, schon gar nicht, wenn du ihn damit verschlimmern würdest. Stell dir lieber die Frage, was es über dich aussagt, wenn du über andere urteilst. Man sieht vielen ihre Selbstzweifel überhaupt nicht an und unabhängig davon sollte man sich auf sich selbst konzentrieren. Rein psychologisch betrachtet, versucht man ja auch nur von seinen eigenen Fehlern und Unsicherheiten wegzulenken, wenn man permanent über andere herzieht. Und als ich das begriffen habe, wurden die Meinungen anderer über meine Person wesentlich unbedeutender. Ich kann sowieso nicht jedem gefallen und jemand, der unzufrieden mit sich selbst ist, wird eh immer irgendwas finden, was ihn an dir stören könnte. Ich persönlich bin ein Fan von Komplimenten geworden. Meine Art und Weise, wieder gutzumachen, was ich bei anderen versäumt habe, ist die, die Leute aufmerksam darauf zu machen, dass sie einen Wert haben. Das können Worte, Gesten oder Handlungen sein. Es reicht schon, wenn du bei deinem nächsten Spaziergang die Person, die dir entgegenkommt, anlächelst. Sie wird sich wertgeschätzt fühlen und vielleicht macht das ihren Tag aus. Glaub mir, es kann sehr viel Spaß machen, deine Mitmenschen mehr zu würdigen. Wir wollen doch alle einfach nur ein unbeschwertes Leben und wenn wir gegenseitig füreinander da sind und uns den Rücken stärken, dann macht es unser Dasein auf dieser Welt so viel leichter. Meine Devise ist, dass selbst an den Tagen, an denen ich nicht lächeln kann, ich wenigstens einen anderen Menschen zum Lächeln bringen will.

Genug geredet über Rücksichtnahme auf andere. Ich halte es aber für extrem wichtig, sich dafür zu sensibilisieren, wie wir miteinander umgehen und dass wir uns auch mal in die Gegenseite hineinversetzen. Trotzdem soll es ja vorrangig um dich gehen. Oftmals, so war es bei mir, wusste ich gar nicht, wie sich Selbstliebe überhaupt äußert. Was tue ich aktiv, um meine Selbstliebe und auch meine Selbstachtung zu fördern? Eigenliebe bedeutet für mich, dass ich mich mir selbst zuwende, mir Respekt erweise, alles an mir so annehme, wie es ist und ich mich uneingeschränkt für den Menschen liebe, der ich bin. Für mich ist sie der bedingungslose und unbegrenzte Glaube an mich selbst. Aber wie praktiziere ich nun meine Selbstliebe? Für mich geht es schon damit los, dass ich mir morgens meine Zähne putze, die Haare kämme oder mir ein leckeres Frühstück zubereite. Ich tue mir etwas Gutes. Es kommt aber auch hin und wieder vor, dass ich mir gar nicht sicher bin, ob etwas gut für mich ist. Anders ausgedrückt gibt es Menschen sowie Gegebenheiten in meinem Leben, bei denen ich spüre, dass sie mir eigentlich nicht guttun. Was hindert mich denn dann daran, sie auszusortieren? Das ist eine interessante Frage. Wenn ich doch weiß, dass etwas oder jemand zwischen mir und meiner Harmonie im Leben steht, dann müsste ich eigentlich dagegen vorgehen, alles andere wäre antagonistisch und trotzdem tue ich es nicht immer. Wir Menschen mögen es bekanntlich nicht gerne, unsere Komfortzone zu verlassen, aber das ist genau das, worum es sich dreht. Übergeordnet geht es um Entscheidungsmut. Wir tendieren dazu, uns lieber mit einem unzufriedenstellenden Zustand abzufinden, statt uns aktiv für etwas anderes zu entscheiden. Denn es könnte ja sein, dass wir danach etwas noch Schlechteres bekommen. Die Herausforderung besteht darin, dass wir uns gegen die Natur des menschlichen Wesens durchsetzen müssen, welche grundsätzlich keine gravierenden Veränderungen mag. Ich muss dabei nämlich erst eine vertraute Gewohnheit hinter mir lassen, damit sich dann etwas ändert und das ist nicht unbedingt leicht für uns. Wir zögern dann entweder, weil wir wieder die Konsequenzen unserer jeweiligen Entscheidungen fürchten, oder weil wir schlichtweg zu bequem und zu träge sind. Damit halten wir uns selbst davon ab, neue Wege zu gehen, auch, wenn diese sogar vielversprechender sind als unser Ist-Zustand.

Ich führe dir mal vor Augen, von welchen alltäglichen Situationen ich hier spreche. Ich persönlich bin jemand, der sehr viel Wert auf Pünktlichkeit legt. Ich habe Freunde, die wiederum notorisch unpünktlich sind. Es kommt vor, dass ich mich mit Freund XY um 19 Uhr verabrede und ich dann noch zwanzig Minuten lang warten muss, bis mein Freund dann wirklich unentschuldigt auftaucht. Ich entscheide in der Situation dann, ob er später gekommen oder zu spät gewesen ist. Der Unterschied ist simpel. Stelle dir vor, du hast einen Flug gebucht und das Flugzeug hebt um 19 Uhr ab. Wenn du statt um 16 Uhr erst eine viertel Stunde später am

Flughafen bist, dann bist du später gekommen. Wenn du allerdings erst um 19 Uhr am Flughafen erscheinst, dann bist du zu spät und verpasst deinen Flieger. Nun liegt es an mir, wie ich mit der wiederholten Unpünktlichkeit meines Freundes umgehe. Meine Situation ist unzufriedenstellend für mich, denn ich muss warten. Nicht nur das, sondern wahrscheinlich werde ich mir die Frage stellen, wie wichtig ich meinem Freund bin, wenn er kein Problem damit hat, unbegründet auf sich warten zu lassen und sich damit auch nicht an unsere Absprache hält. In dem Moment entscheide ich mithilfe meines Selbstwertes, wie es weitergeht. Ich habe mehrere Optionen. Ich könnte warten und im Anschluss die Verspätung gar nicht erst zur Sprache bringen oder ich könnte gehen. Entscheide ich mich für die erste Option, so habe ich entweder Sorge vor den Konsequenzen oder aber ich bin in meiner Komfortzone. Das würde bedeuten, ich will lieber einen potenziellen Konflikt vermeiden und nehme damit gleichzeitig in Kauf, dass meine Selbstachtung darunter leidet. Ich könnte aber auch Letzteres tun und einfach wieder Nachhause fahren. Und diese Entscheidung ziehe ich inzwischen vor. Es geht dabei ganz und gar nicht darum, dass ich erzieherische Maßnahmen ergreife oder meinem Freund eins auswischen will, nein, es geht um den Respekt, den ich vor mir selbst habe. Wenn der besagte Freund wiederholt nicht in der Lage ist, sich an unsere Vereinbarung zu halten, dann ist das sein Problem und nicht meins. Meine Zeit ist kostbar und limitiert und dann kann ich niemanden gebrauchen, der das nicht schätzt und respektiert. Du ganz allein bestimmst darüber, wie du dich behandeln lässt und ob du damit einverstanden bist. Wenn du dich ab sofort wertlos oder zu gering wertgeschätzt oder geachtet von anderen fühlst, dann bist du gerade am falschen Ort. Lerne, deinen Platz zu kennen, sei nicht für jeden zu haben und erst recht nicht selbstverständlich. Du bist in Zukunft herzlichst dazu aufgefordert zu gehen, wenn jemand das nächste Mal deinen Wert nicht (genug) anerkennt. Das muss ja nicht einmal böse gemeint sein, aber glaube mir, dieser Freund kam danach die Treffen immer überpünktlich, nachdem ich ihn habe stehenlassen. Es ist so wichtig, zu wissen, wann du gehen musst. Egal, ob bei der Arbeit, auf einer Party oder in einer Beziehung.

Kapitel 6

Der Pakt mit den Indianern

Deine Selbstliebe ist ein essentieller Baustein für eine andere Form der Liebe. Ich spreche von der romantischen Liebe zwischen zwei Menschen. Ich werde im Folgenden unter anderem darüber reden, was dir passieren kann, wenn mangelnde Selbstliebe auf die Liebe zu einem anderen Menschen trifft.

Wann wusste ich, dass ich aktiv an meiner Liebe zu mir selbst arbeiten, mein Inneres wieder stärken und mein Leben umkrempeln muss? Das ist noch gar nicht so lange her. Mein Selbstwertgefühl war so klein, dass ich einen kranken Narzissten angezogen habe und diese haben bekanntlich den geringsten Selbstwert von uns allen. Du gerätst an den falschen (potenziellen) Partner und zwar dann, wenn die Liebe nicht bei dir selbst anfängt. Ich verliebte mich unsterblich in diesen Menschen, der mir alles gab, außer Liebe. Stattdessen spielte er perfide Spielchen, manipulierte mich und ließ mich spüren, wie sich Gaslighting anfühlt. Ich konnte ihm all das nicht verübeln, denn ich war leichte Beute für ihn. Was genau ist ein Narzisst? Es gibt diverse Formen und Ausprägungen des Narzissmus und narzisstische Züge haben die meisten von uns in sich, das ist, bis zu einem gewissen Grat, nichts Schlimmes. Gefährlich wird es, wenn du jemandem gegenübertrittst, der eine narzisstische Persönlichkeitsstörung hat. Das sind einfach gesagt Menschen, die ausschließlich eigennützig handeln, sich als unfehlbar ansehen, kaum Einfühlungsvermögen besitzen und sich selbst für die Größten halten. Sie leben in ihrer eigenen Realität mit eigenen Regeln, schikanieren, demütigen und kujonieren ihre Mitmenschen und sind schlichtweg kritikunfähig. Sie können exzellent schauspielern und dir mit ihrer charmanten Art weismachen, dass du ein wunderbarer Mensch bist, aber mindestens genauso gut und gerne zeigen sie dir auch das Gegenteil. Erst machen sie dir Komplimente, überschütten dich mit ihrer fingierten Liebe, schenken dir Aufmerksamkeit und gewinnen dein Vertrauen, um anschließend von deiner emotionalen Abhängigkeit, die du zu ihnen aufbaust, zu profitieren. Sie machen dich zu ihrem Diener. Meine Bedürfnisse wurden plötzlich egal, meine Ansichten waren aus Prinzip immer die Falschen und aus harmlosen, subtilen Beleidigungen wurde bitterer Ernst. Schneller als gedacht, war ich in diesem Spinnennetz gefangen und wollte nicht wahrhaben, dass ich in einer höchsttoxischen Beziehung steckte. Alles, was ich bis dahin noch an Selbstwert hatte, wurde mir genommen oder besser gesagt, habe ich mir nehmen lassen. Ich stellte meine gesamte Existenz infrage und war viel zu beschäftigt damit, diesem Menschen zu zeigen und ihn davon überzeugen zu wollen, dass ich ein liebenswerter Mensch war und das musste ein Ende haben. Ich wollte nicht länger mit den Knallerbsen in seinem Kopf jonglieren, wie ich es immer nannte. Ich musste Entscheidungen treffen und zu allererst die, dass ich nie mehr mit jemandem über meinen Wert diskutieren will, für den ich meinen Standard ehrlicherweise ohnehin runtergeschraubt habe. Das bedeutete, ich musste lernen, bewusst und willentlich nein zu sagen zu einer Person, die ich trotz ihrer maliziösen und diabolischen Züge, dennoch so sehr liebte.

Es ist ein großer Unterschied, wie du für jemanden fühlst und wie derjenige dich fühlen lässt und das musste ich schmerzvoll begreifen. Ich musste die Situation in der ich war beenden und mich irgendwie von diesem Menschen loslösen, vielmehr von meiner emotionalen Abhängigkeit zu ihm. Dieser Prozess dauerte für mich eine gefühlte Ewigkeit, denn stur und gutgläubig wie ich war, wollte ich von dieser Person Antworten haben und verstehen, wieso sie mich so schlecht behandelt hat. Doch dann eröffnete mir eine kleine Geschichte eine ganz neue Sichtweise: „Stell dir vor, du wirst von einer giftigen Schlange gebissen und anstatt ins Krankenhaus zu fahren, dir helfen zu lassen und dich anschließend von der Vergiftung zu erholen, versuchst du der Schlange hinterherzurennen und sie zu fangen, um herauszufinden, wieso sie dich gebissen hat. Du willst sie davon überzeugen, dass du den Biss nicht verdienst hattest." Diese Geschichte hat mir verdeutlicht, dass es nicht darum geht, Antworten darauf zu bekommen, wieso andere Menschen sich benehmen, wie sie es tun. Sondern, dass du dich von den (emotionalen) Verletzungen erholst, die sie dir zugefügt haben. Wir müssen lernen, dass wir nicht immer auf alles eine Antwort bekommen werden und dass wir keine Entschuldigung für das Verhalten einer anderen Person brauchen, um weiterleben und heilen zu können.

Auch, wenn ich es immer abgestritten habe, dieser Mensch weiß genau, was er mir angetan hat und mir ist mittlerweile klar, dass ich es ihm eh niemals hätte rechtmachen können. Deswegen bin ich von jemandem, den er nicht haben wollte, zu jemandem geworden, den er nie wieder bekommen wird. Schon lange bevor ich ihn losgelassen habe, wusste ein Teil von mir längst, dass ich ihn gehen lassen muss. Wir Menschen kennen sehr häufig schon die Antwort, wenn wir uns die Frage stellen, was wir in einer bestimmten Situation machen sollen, aber wir sind nicht immer sofort bereit, sie zu akzeptieren. Manchmal dauert es, bis wir eine Entscheidung treffen wollen, die uns unser Herz bricht, aber unseren Seelenfrieden beschützt und diese Erlaubnis musste ich mir irgendwann geben. Ich danke ihm, dass wir uns begegnet sind, denn er war der Anlass für mich, mein Leben umzukrempeln und gleichzeitig inspirierte er mich dazu, dieses Buch hier zu schreiben. Er hat mich daran erinnert, wie wichtig die Eigenliebe ist und wie viel Kraft wir durch diese Liebe zu uns selbst schöpfen können. „Manchmal muss man Abstand von dem nehmen, was man will, damit man das bekommt, was man verdient". Ich habe ihm und mir vergeben.

Wir alle haben unsere Muster und Macken und diese existieren nicht zufällig, sondern haben einen Ursprung und der liegt meist weit zurück. Es fällt uns nicht grundlos schwer, über Teile unserer Vergangenheit nachzudenken. Lieber verdrängen und leugnen wir, das ist ganz normal. Zu sehr schmerzt manchmal das erneute Durchleben einschneidender Erfahrungen von früher. Sei es, dass man einen geliebten Menschen verloren hat, enttäuscht, allein gelassen, belogen, hintergangen, misshandelt oder gemobbt wurde. Jeder von uns trägt etwas mit sich herum, worüber er nicht gerne spricht, nicht einmal mit sich selbst. Solche Erlebnisse prägen und begleiten uns solange, bis wir uns ihnen eines Tages anfangen, zu stellen. Oftmals wollen wir uns aber gar nicht damit auseinandersetzen, bevorzugen es zu schweigen und können damit nicht unsere Muster verstehen und durchbrechen, nach denen wir leben. Das muss nicht zwingend schlecht sein, aber wir schaffen uns damit zahlreiche Probleme, die wir uns ersparen könnten, wenn wir doch einfach mit dem Geschehenen ein für alle Mal abschließen würden, oder? Wir können uns selbst heilen, wenn wir das wollen.

Ein paar Tage, nachdem ich damals in Kanada angekommen war, hatte ich eine seltsame Begegnung. Ich lebte relativ weit im Norden von British Columbia und ging jeden Tag woanders spazieren, um die atemberaubende Szenerie zu bestaunen. Ich kam irgendwann in einem kleinen Städtchen an, wo ich mich schon auf einen Kakao von Timmie`s freute. Ich setzte mich mit meinem Becher heiße Schokolade an einen Fluss auf einen Stein und genoss meinen wohlverdienten Ausblick. Ich bemerkte eine kleine Gruppe von jungen Menschen, die näher auf mich zukam. Nicht weiter beachtlich, aber ich spürte ihre Blicke. Sie schienen über mich zu reden und je näher sie kamen, desto mehr machte sich das Gefühl in mir breit, aufzustehen und zu gehen. Ich vertraute auf meine Intuition und lief weg. Ich berichtete abends meinen kanadischen Freunden von den jungen Leuten, die allesamt pechschwarzes Haar hatten und irgendwie ein wenig sonderbar aussahen. Sie warnten mich, ich solle mich vor den Natives hüten.

Es gibt eine stille Fehde in Kanada, die weit zurück reicht und bis heute andauert. Erst einige Zeit später merkte ich, wie tief dieser Konflikt wirklich geht. Die Ureinwohner Kanadas wurden damals von den vielen Einwanderern verdrängt. Kinder der Natives wurden in sogenannte Residential Schools gesteckt, sowas wie Zwangsinternate, in denen sie nicht ihre eigene Sprache sprechen durften, misshandelt und gedemütigt wurden. Die First Nations hatten lange Zeit kein Mitspracherecht in der Politik und kämpften um ihr Überleben, da sie vergleichsweise nur noch winzige Jagdgebiete hatten, die sie zu ihrer Versorgung nutzen durften. Die Einwanderer brachten Krankheiten mit, die ganze Indianerstämme auslöschten. Es gab erfolglose Aufstände. Die Indianer zogen sich in ihre Reservate zurück und leben zum Großteil auch heute noch isoliert und für sich, meistens in Armut. Der Drogen – und Alkoholmissbrauch ist bei ihnen noch höher, als die Arbeitslosigkeit und Selbstmordrate. Egal, wo ich in dem Land unterwegs war, so stieß ich immer wieder auf diese leeren und zugleich feindseligen Gesichter, die nicht vergessen würden, was ihnen widerfahren war. Die meisten von ihnen wollen nicht zu den Menschen dazugehören, die ihnen einst ihr Land wegnahmen und ihre Kultur raubten und so leben sie am Rande der Gesellschaft. Zur Widergutmachung wurde ein Abkommen getroffen, das den Indianerstämmen zahlreiche Vorzüge erlaubt. Wer nachweisen kann, indianische Vorfahren zu haben, ist beispielsweise von der Einkommenssteuer befreit, muss diverse Arztkosten nicht bezahlen und darf mehr oder weniger umsonst studieren und Studiengebühren sind in Kanada immens hoch. Warum erzähle ich dir das? Es ist sicherlich nicht verkehrt, sich mit Geschichte auseinanderzusetzen, aber vielmehr sehe ich eine ziemlich passende Analogie dahinter. Symbolisch gesehen ist so gut wie jeder von uns ein kanadischer Einwanderer und jeder Indianer eines unserer Traumata aus der Vergangenheit, denen wir uns nicht stellen. Diese Menschen sind womöglich zutiefst beleidigt, fühlen sich ausgegrenzt, im Stich gelassen und schlichtweg übergangen. Sie wollen um Entschuldigung gebeten und vielleicht sogar auch einfach nur mal endlich erhört werden. Das kommt zumindest mir ziemlich bekannt vor. Ich und du haben auch wenigstens einen Indianer in uns, den wir bisher nicht haben sprechen lassen und lieber verdrängt haben, da die Furcht zu groß ist, Schmerz aus früheren Zeiten zuzulassen. Dieser Indianer sitzt mitten in uns, voller Hass. Er ist vielleicht sogar die meiste Zeit still, aber zwischendurch piekst er uns mit seinem Speer und will doch eigentlich nur getröstet werden. Ich erachte es als sehr wichtig, eine Friedenspfeife mit unserem Indianer zu rauchen und gemeinsam mit ihm zu heilen. Das bedeutet, ich muss mich meiner unschönen Vergangenheit stellen, aber nur so schaffe ich mir ein Leben, gefüllt mit uneingeschränkter Selbstliebe und schlussendlich auch Liebe zu anderen. Wenn ich das nicht tue, werde ich immer wieder von der Vergangenheit eingeholt und das wirft mich zurück und verhindert die dauerhafte Eigenliebe.

Ich möchte dir noch eine andere Geschichte erzählen, die mir verdeutlicht hat, dass Liebe auch bedeutet, Rücksichtnahme auf die eigenen vermeintlichen Fehler und auch auf die der anderen zu nehmen. Es gibt dieses schöne Sprichwort aus dem Buddhismus, in dem gefragt wird, was der Unterschied zwischen jemanden mögen und jemanden lieben ist und die Antwort darauf lautet: „Wenn du eine Blume magst, dann pflückst du sie. Liebst du eine Blume, sorgst du dafür, dass sie jeden Tag Wasser bekommt.“ Das bringt mich zu jemandem, der mir sehr viel beibrachte, während ich in Kanada war und dieser jemand war kein Mensch, sondern ein Vierbeiner.

Amos und ich hatten eine unbeschreibliche Beziehung zueinander. Der Hundewelpe war damals nur wenige Wochen alt, als Nate und ich ihn in einer kalten, verschneiten Nacht von einer Farm holten. Dieser kleine Knirps weinte tagelang, wahrscheinlich, weil er seine Mama vermisste, aber das änderte sich bald. Er brauchte so viel Zuneigung und Liebe und die gab ich ihm selbstverständlich. Er folgte mir auf Schritt und Tritt. Anfangs fürchtete ich, die rauen Temperaturen könnten ihm etwas anhaben und so steckte ich ihn, wenn ich rausging, an meine Brust in meine Jacke, damit er bei -40 Grad nicht frieren musste. Der kleine Kerl war aber weitaus taffer, als ich dachte. Jede Nacht schlief er eingekuschelt an meinem Hals ein, begleitete mich mit auf die Toilette, ging sogar zusammen mit mir duschen und war stets an meiner Seite. Mir brach es mein Herz, als ich ihn verlassen musste, um meine Reise fortzusetzen. Ich kam ihn ein Jahr später besuchen und es war ein sehr bewegendes Wiedersehen beiderseits. Dennoch hatte ich vergessen, dass er kein gewöhnlicher Hund war, der als Haustier gehalten wurde, viel eher betrachtete Nate ihn als Nutztier. Er lebte draußen, musste den Hof bewachen und auf die vielen Farmtiere aufpassen. Er war wild und das merkte ich ihm an. Es gab diese eine Nacht, die so bitter kalt war, dass ich Sorge hatte, er würde draußen in seiner Hütte erfrieren. Ich machte Nate wach und teilte ihm meine Sorgen mit. Ich wollte ihn reinholen zu mir und ihn mit in meinem warmen Bett schlafen lassen. Nate sagte daraufhin, dass Amos es nicht mehr mochte, im Haus zu sein und dass ihm die Kälte nichts ausmachte. Ich ließ aber nicht locker, zu sehr wollte ich dem Hund etwas Gutes tun. Ich holte ihn also rein. Wir waren in meinem Zimmer, ich schloss die Tür und machte das Licht aus. Er legte sich vor meine Füße ans Bettende, doch schlafen wollte er nicht. Permanent lief er zum Fenster, stets achtsam und beobachtend, was draußen passierte. Ich verspürte seine Unruhe, aber dachte mir nichts weiter dabei und schlief ein. Sein Gebell ließ mich hochschrecken und ich sah seine Umrisse an der Tür, wie er vergeblich versuchte, sich aus dem Zimmer zu buddeln. Ich stand auf, wollte ihn beruhigen und streicheln, doch er ließ sich von mir nicht mehr anfassen. Intuitiv riss ich die Tür auf, folgte ihm mit schnellen Schritten zur Haustür und ließ ihn raus. Ich erkannte ihn nicht mehr wieder. Er wirkte so gestresst, dabei wollte ich ihm doch bloß einen Gefallen tun. Es dauerte, bis ich begriff, dass man seine Geliebten nicht immer so haben kann, wie man will und, dass man Grenzen zu akzeptieren hat. Er ließ sich liebend gerne von mir streicheln, aber er brauchte genauso seinen Freiraum und den hatte ich ihm weggenommen. Zwar steckte von mir keine böse Absicht dahinter, aber ich sperrte ihn ein und das wollte er nicht. Ich hatte mir das Recht genommen, über seinen Kopf hinweg zu entscheiden, was meiner Meinung nach das Beste für ihn war und er lehrte mich, dass ich falsch lag. Ich versuchte danach nie wieder, ihn ins Haus zu holen, denn ich respektierte, dass auch er seinen Willen hatte. Dieser Hund bedeutete mir alles und ich vertraute ihm mein Leben an. Wenn ich zeitweise ganz alleine auf der Farm war und draußen im Wald arbeiten musste, war er mein Beschützer. Er hielt wilde Tiere von mir fern und warnte mich vor Gefahr. Ich konnte ihn zwar nicht immer sehen, aber ich wusste sicher, dass er stets auf mich aufpasste. Ich legte mein Leben in die Pfoten dieses Hundes und so sehr ich ihn auch liebte, musste ich einsehen, dass Liebe manchmal etwas ganz anderes bedeutet, als ich es einst dachte. Ich vermisse dich, Buddy.

Liebe und Verletzlichkeit gehören zweifelsfrei zusammen. Ich frage mich bis heute, warum es mir schwerfällt, wie so vielen von uns, „Ich liebe dich“ zu sagen. Vielleicht konnte ich das so lange nicht zu jemandem sagen, weil ich es nicht einmal zu mir selbst ehrlich sagen konnte. Zu lieben, egal wen, bedeutet auch, dass ich jemanden so nehme, wie er ist. Über Marotten und Unvollkommenheit hinwegzusehen und das ist, insbesondere wenn es dabei um einen selbst geht, nicht leicht. Ich bin auf eine japanische Legende gestoßen, die ich ziemlich schön finde. Sie besagt, dass „Menschen mit dem Gesicht einer Person geboren werden, die sie in einem anderen Leben geliebt haben“. Die Vorstellung, dass ich, seit es mich gibt, mit dem Gesicht herumlaufe, in das ich mich in einem vergangenen Leben verliebt habe, ist zugegeben zwar schon abstrakt, aber dennoch zaubert sie mir ein Lächeln ins Gesicht, wenn ich daran denke. Was mir auch geholfen hat, die Liebe zu mir selbst und auch zu anderen zu stärken war folgende Frage: Was brauchst du von mir, dass du dich mehr geliebt fühlst? Diese Frage kannst du entweder deinem eigenen Spiegelbild stellen oder auch einer anderen Person. Auf diese Weise kann dir ehrliche Kommunikation dazu verhelfen, die Beziehung zu dir selbst und zu anderen zu festigen.

Liebe ist, zumindest für mich, das unglaublichste Gefühl, das wir verspüren können. Du musst weise wählen, auf welche Liebe du dich einlässt, denn nicht jede Liebe ist gut für dich. Sie stellt dich unter Beweis und hat nicht immer ein Happy End. Jedem kann es passieren, dass er auf einen Menschen stößt, für den er vermeintliche Liebe empfindet und im besten Fall ist es umgekehrt genauso. Aber manchmal trifft man sich auch zur falschen Zeit am falschen Ort und man muss schweren Herzens einsehen, dass man (noch) nicht zusammenpasst. Wenn ich an meinen Narzisstentypen denke, dann fällt mir ein Bild dazu ein. Im übertragenen Sinne war er eine Person, die ich vor dem Ertrinken retten wollte. Er konnte selbst nicht schwimmen und so wollte ich ihm helfen. Ohne zu zögern, sprang ich ins Wasser und wollte ihn daraus ziehen. Ich merkte aber, dass die Wellen viel zu stark waren und dass ich selbst drohte, zu ertrinken. Ich wollte ihn mit aller Kraft, die ich hatte, packen und zum Ufer zurückschwimmen, aber er wehrte sich und zog mich mit herunter und das ist der Moment, in dem du loslassen musst, weil sonst ertrinkst du selber. Auch, wenn du eine Person aus tiefstem Herzen liebst, so musst du sie manchmal trotzdem loslassen und gehenlassen, damit du in deinem eigenen Leben vorankommst und dich weiterentwickeln kannst.

Es kommt vor, dass Menschen deine Liebe nicht erwidern können, weil sie sich selbst noch nicht einmal die Liebe geben, die du von ihnen willst. Jemand, der mit sich selbst Krieg führt, wird dir niemals Frieden schenken. Jemand, der sich selbst belügt, wird dir nicht mit Ehrlichkeit gegenübertreten. Du kannst die Menschen nicht ändern. Das Einzige, was du tun kannst, ist, an dir selbst zu arbeiten. Ich weiß ganz genau, wie schwer es manchmal scheint, sich (emotional) von jemandem zu trennen. Du willst nicht wahrhaben, dass dir dieser eine Mensch mehr Schmerz als Freude bringt, denn du hast ihn fest in dein Herz geschlossen, verteidigst seine schlechten Verhaltensweisen vor anderen und lässt die Hoffnung nicht los, dass er dir eines Tages genau das gibt, was du dir von ihm gewünscht hast. Wir wollen diese eine Person und unsere bereits ausgemalte Zukunft mit ihr nicht aufgeben, aber dabei sehen wir oft gar nicht, dass wir damit auch gleichzeitig einen großen Teil von uns aufgeben und diesen Kompromiss sollten wir niemals eingehen. Ein Teil von mir liebt diesen Menschen heute immer noch, wünscht ihm das Beste und will ihn glücklich sehen, aber dennoch weiß ich, dass es richtig war zu gehen und dass wir besser dran sind ohne einander. Diese Erkenntnis kann dauern. Ich habe mich Tage, Wochen und Monate in den Schlaf geweint, weil ich nicht einsehen wollte, dass dieser Mann niemals der

Mensch sein wird, für den ich ihn gehalten habe. Er hatte meine Liebe nie verdient. Manchmal ist es das Beste, was wir tun können, wenn wir daraufhin emotional Abschied von demjenigen nehmen und um diese Entscheidung zu treffen, brauchen wir Zeit.

Wenn du besetzt bist von deiner toxischen Liebe, kann der tollste Mensch vor dir stehen, du siehst ihn nicht. Ich bereue es definitiv, dass ich so viele Typen abgewiesen oder schlichtweg übersehen habe, weil ich an jemandem hing, der nie ernsthaft vorhatte, mich eines Tages aufrichtig zu lieben. Ich habe mit Sicherheit zahlreiche Chancen auf eine großartige Liebe vertan, bloß weil ich an der Falschen zu lange festgehalten habe. Aus diesen Fehlern lernt man auch und dafür bin ich dankbar, denn es schärft das Bewusstsein für die künftige Partnerwahl. Nichtsdestotrotz hat jeder seine Macken, die einen sind schlimmer als die anderen. Wie ein Kumpel von mir so schön sagte: „Jeder Mann ist ein Arschloch, du musst nur das richtige Arschloch finden, mit dem du leben kannst“ und das gilt natürlich umgekehrt für Frauen genauso.

Wir daten auf dem Level von unserem Selbstwert und als ich dabei war, diesen zu stärken, traten plötzlich ganz andere Männer in mein Leben. Einer von ihnen ist mir ganz besonders wichtig geworden und er hat mir unwissentlich aus meiner schweren Zeit hinausgeholfen. Er wäre viel zu bescheiden, als dass er ein Danke für seinen Beistand annehmen würde und ich bin so froh, dass ich ihn habe. Er lässt mich ausnahmslos spüren, wie wertvoll ich bin und hat mir gleichzeitig klargemacht, dass nicht jeder einen Platz in meinem großen Herzen verdient hat. „Finde jemanden, der dieselbe Sprache spricht wie dein Herz, damit du dein Leben nicht damit verbringen musst, deine Seele zu übersetzen".

Kapitel 7

Das Mädchen mit der Ukulele

Niemand sagt dir, wie schwer es ist, wenn du alleine auf Reisen gehst. Du bist zahllosen Situationen ausgeliefert, auf die du dich nimmer hättest vorbereiten können. Ich musste in dem Fall lernen, wie Kanada wirklich ist, wenn man nicht bloß für einen zweiwöchigen Skiurlaub nach Whistler oder in die Rocky Mountains fährt.

Jeder von uns hat einen inneren Kompass. Dieser navigiert und leitet uns durch unser Leben. Aber was ist, wenn du gar nicht weißt, wie du ihn lesen sollst? Was ist, wenn er mal kaputt geht? Meine persönlichen Glaubenssätze waren die Himmelsrichtungen und damit hatte ich zumindest einen groben Ansatz, wo ich denn hinwollte. Was sind denn nun Glaubenssätze und wofür sind sie überhaupt wichtig?

Als ich reiste, merkte ich sehr schnell, dass es enorm ausschlaggebend war, was ich für ein Mindset hatte. Hätte ich die Einstellung gehabt, dass jeder Fremde mir etwas Böses will, mich beklauen oder ausnutzen möchte, hätte ich es weitaus schwerer gehabt, als mit einer positiven Geisteshaltung unterwegs zu sein. So entwickelte ich Glaubenssätze wie „Ich bin offen für neue Erfahrungen“ oder „Mir wird heute Gutes geschehen“. Diese Sätze können und müssen sich im Laufe der Zeit sogar verändern und sind eine große

Stütze für dich. Für mich fungierten sie einerseits als Schutzmechanismus, andererseits waren es meine festen Überzeugungen, hinter denen ich voll und ganz stand und so schuf ich mir meinen eigenen Schutzengel. Ich wusste, dass ich mich auf meinen Kompass verlassen konnte. Im gleichen Zuge lernte ich, dass es für alles eine Lösung gibt und diese auch immer schon in uns drin ist, aber dazu an einer anderen Stelle mehr.

Es gab dieses Mädchen, als ich in Kanada war, mit dem ich eines Nachts um ein Feuer saß und das mich geradezu faszinierte. Sie war die Eigenart in Person. Eine der Besonderheiten, die mir recht schnell an ihr auffiel, war die Art und Weise, wie sie mit ihren Gesprächspartnern kommunizierte. Serena schaffte es mit Leichtigkeit, in kürzester Zeit, ihrem fremden Gegenüber zu suggerieren, ihr zu vertrauen. Aber wie? Sie war eine exzellente Spieglerin und folgte der Kunst des Isopraxismus. Im Grunde ist diese Fähigkeit nichts anderes als Nachahmung, hatte jedoch einen gewaltigen Effekt auf die Menschen, die mit ihr kommunizierten. Ich wollte das auch können und so beobachtete ich sie ganz genau, als ich einen Dialog mit ihr führte. Sie kopierte nicht nur meine Körpersprache und sämtliche Gestiken, sondern und das fand ich am spannendsten, sie hatte eine ganz bestimmte Methode, mit mir zu sprechen. Und zwar stellte sie mir eine Frage und wiederholte meine Antwort erneut als Frage. Beispielsweise wollte sie wissen, woher ich komme und als ich ihr sagte, dass ich aus Deutschland sei, fragte sie: „Oh, du bist aus Deutschland?". Anfangs merkte ich gar nicht, was das mit mir machte, aber sie war dadurch ein super angenehmer Gesprächspartner, denn sie überließ mir komplett selbst, was ich nun darauf antwortete. So konnte ich nun ganz frei entscheiden, welche Information ich ihr zusätzlich geben wollte und hätte unwahrscheinlich bloß mit einem dumpfen „ja" geantwortet. Andere hätten auf meine Antwort vielleicht lediglich gesagt, dass sie schon Deutsche getroffen haben oder, dass sie es cool finden, eine Deutsche kennenzulernen, aber so hielt sie das Gespräch regelrecht aufrecht, vermittelte mir das Gefühl von ehrlichem Interesse und, dass ich unsere Konversation lenken durfte. Gleichzeitig gab sie so nichts von sich selbst preis und das machte sie noch attraktiver als Person. Sie wollte als nächstes wissen, was ich an dem Tag gemacht hatte und ich erzählte ihr, dass wir auf einem zugefrorenen See angeln waren und dann kam wieder „Oh, ihr wart Eisangeln?". Sie verriet also nicht wirklich ihre eigene Meinung zu dem Gesagten, sondern informierte sich ziemlich neutral über den Menschen, mit dem sie gerade sprach. Ich würde nicht unbedingt sagen, dass sie mich bewusst manipulierte, aber sie stellte sich schon ziemlich geschickt an und hatte dadurch eine äußerst sonderbare Wirkung auf uns alle. Sie strahlte solch ein Selbstvertrauen aus und das wollte ich mir abgucken. Sie brachte mir nahe, wie unerlässlich es ist, seine Glaubenssätze zu haben und ihnen auch zu folgen. So hatte sie ihren

Leitspruch, dass das Leben so viel schöner ist, wenn man sich liebhat und das inspirierte mich. Man hätte sie sicherlich auch einfach als durchgeknallten Hippie abstempeln können, der mit seiner Ukulele durchs Land zog, aber sie war so viel mehr für mich. Eine andere Devise von ihr war, dass sie den Menschen um sich herum ihr Leben bewusster machen wollte. Auch mir verklickerte sie, dass ich Fahrer, Pilot, Taucher, Reiter oder was auch immer ich sein will, in meinem Leben bin und ich ganz alleine über mein Leben bestimme. Ich sah das erst sehr skeptisch und hinterfragte ihre frivole Behauptung, aber je mehr ich darüber nachdachte, musste ich ihr schließlich zustimmen. Und so wollte ich herausfinden, wie mein Leben auch sein kann, mit der Gewissheit, dass ich es ab sofort selbst in der Hand habe und, dass es auch nie anders war.

Ich wollte also bewusst der Entscheidungsträger für mein Leben werden und anfangs hatte ich so meine Problemchen damit. Man ist irgendwie Regisseur und Hauptdarsteller zugleich in seinem Film und ich brauchte ein Weilchen, um zu lernen, wie ich damit umgehe. Ich allein schreibe das Skript und darf dann selbst entscheiden, ob ich mich daran halten will oder eben auch nicht. Man weiß halt eben auch nicht immer auf Anhieb, wie man manches umsetzen soll und deswegen war es umso wichtiger, dass ich meine Glaubenssätze kannte und sie mir bewusst machte. Egal, welche Situation dir auch begegnet, du kannst dich darauf verlassen, dass du sie meisterst, auch, wenn du dich dafür nicht immer ans Drehbuch hältst.

Spätestens hier wäre mein altes Ich dazwischen gegangen und hätte eingewendet, dass es bestimmt Umstände im Leben gibt, die man nicht schaffen kann und deswegen muss ich jetzt leider den Klugscheißer raushängen lassen. „Ich kann nicht" ist ein Synonym für „Ich will nicht", Punkt. Ja, aber was ist denn, wenn? Nein. Es spielt keine Rolle, auf welche Situation man das bezieht oder welches Szenario man sich vorstellt. Etwas nicht zu können, bedeutet vielmehr, etwas nicht zu wollen, zumindest vielleicht nicht in dem Moment, um den es häufig geht. Meine Mama fragte mich dieses Jahr, ob wir etwas Schönes zusammen an ihrem Geburtstag unternehmen und ich sagte ihr auch zuerst: „Tut mir leid, da kann ich nicht, denn da bin ich im Urlaub." Theoretisch hätte ich schon mit ihr den Tag verbringen können, aber ich entschied mich dazu, im Urlaub sein zu wollen. Ich lasse bewusst das Wort „lieber" aus dem Satz, denn darum geht es häufig gar nicht. Ich bin nicht lieber im Urlaub, als an dem Geburtstag meiner Mutter zu fehlen, aber man kann eben oft auch nicht alles haben. Man muss Prioritäten setzen und das hat nicht immer etwas damit zu tun, wie wichtig oder lieb wer oder was dir ist. Mich könnte auch kommendes Wochenende ein Freund fragen, ob wir zusammen was trinken gehen wollen und ich müsste ihm dann auch sagen, dass ich nicht kann, da ich mich auf meine Klausuren vorbereiten muss und die Zeit zum Lernen brauche. Auch in dem Fall priorisiere ich nicht danach, was mir persönlich am liebsten ist, sondern, ich habe eigene Kriterien und die hat jeder von uns. Aber auch hier stimmt es nicht, wenn ich ihm mit der Begründung absage, dass ich nicht kann. Theoretisch könnte ich mich mit ihm treffen, ich mache es nur nicht, weil ich es dann eben nicht will. Das ist zwar bloß eine kleine Grazilität in der Formulierung, aber es ist häufig schlichtweg nicht korrekt, wie wir uns ausdrücken und das führt dazu, dass wir uns unterbewusst der Verantwortung entziehen, eine Entscheidung für uns getroffen zu haben, mit der dann auch andere klarkommen müssen. Menschen, die vor etwas Angst haben und das nenne ich einfachheitshalber so und nicht, weil es dabei um wirkliche Angst geht, wie wir schon festgestellt haben, Menschen die Angst haben, sagen auch ganz häufig, dass sie etwas nicht können. „Ich kann nicht vom 5-Meter-Brett springen", „Ich kann meinem Chef nicht sagen, dass er scheiße ist", „Ich kann nicht mit dem Rauchen aufhören", „Ich kann die Spinne nicht anfassen" usw. Ersetze das mal mit „Ich will nicht" und die Sätze machen plötzlich viel mehr Sinn, aber dennoch benutzen wir sie viel zu selten, obwohl sie viel passender wären. Ein „Ich will nicht" kommt viel mehr zur Geltung als ein „Ich kann nicht" und wir benutzen es deshalb so oft nicht, weil es uns wahrhaftig blöder dastehen lässt vor unseren Mitmenschen. Es hat nämlich eine ganz andere Wirkung, wenn wir jemandem sagen, dass wir ihn nicht treffen wollen, anstatt ihm zu sagen, dass wir ihn leider nicht treffen können. Nicht können ist demnach also nur ein Vorwand, nicht wollen ist der wahre Grund dahinter. Wer auch jetzt noch immer nicht zustimmt, ist viel zu sehr mit seinem Verstand unterwegs, aber insbesondere diesen Leuten unter uns widme ich noch ein ganz eigenes Kapitel, keine Sorge. Lass das erst einmal auf dich wirken.

Ich habe oft den Eindruck, dass eine der Lieblingsbeschäftigungen von uns die ist, Probleme zu haben. Wir sind alle berufliche und teils sogar professionelle Problemeschaffer. Wir lieben es, über Probleme zu reden, über sie nachzudenken, sie als Entschuldigung zu verwenden und doch will sie eigentlich keiner von uns haben. Für manche stellt es schon ein Problem dar, nicht zu wissen, was sie in zwei Monaten zum Geburtstag ihres Onkels anziehen oder wen sie in zehn Jahren heiraten sollen. Insbesondere in unserer Gesellschaft werden so viele Probleme geschaffen, die überhaupt nicht existieren. Wieso machen wir das? Ist uns langweilig? Keiner hat doch wirklich Lust darauf, sich sein Leben freiwillig schwer zu machen und trotzdem tun wir es. Wenn man sich schon selbst foppen will, dann sollte man wenigstens so fair sein, und sich zu jedem seiner Probleme eine geeignete Lösung überlegen, findest du nicht? Oftmals muss man wortwörtlich auch einfach nur seinen Blickwinkel verändern. Stell dir vor, du bist in einem Gebäude und hast dich den ganzen Morgen darauf gefreut, dass mittags endlich die Sonne rauskommt. Die Sonne scheint auch wie erwartet, aber du kannst sie nicht sehen, denn vor deinem Fenster steht ein großer Baum, der keine Sonnenstrahlen durchscheinen lässt. Was machst du? Stell dich doch einfach vor ein anderes Fenster.

Ich war auf meinen Reisen viel unterwegs und hatte stets meine imaginäre Brille dabei. Das war die coole verspiegelte Sonnenbrille, mit der ich mich lässig fühlte. Ab und zu geriet ich aber in Angelegenheiten, für die meine coole Brille völlig nutzlos war und dann setzte ich mir einfach meine Lösungsbrille auf. Nach einer Lösung zu suchen bedeutet nichts anderes, als sich für einen Weg aus seinem vermeintlichen Problem entscheiden zu müssen. Es geht also um nichts anderes, als eine Entscheidung zu treffen. Jeder von uns verfügt in den allermeisten Fällen über eine gesunde Intuition und der müssen wir lediglich öfter folgen. Relativ am Anfang meiner Reise hatte ich einen Aufenthalt in Vancouver. Eine atemberaubende, sehenswerte Stadt, die einiges zu bieten hat. So lief ich als blinder und unerfahrener junger Tourist durch die schönsten Straßen Vancouvers, ohne ein festes Ziel dabei zu haben. Es wurde dunkler, meine Füße taten langsam schon weh und ich wurde müde. Ich achtete nicht mehr wirklich darauf, wo ich war, meine Orientierung hatte ich längst verloren. Trotzdem lief ich weiter, bis mich ein sehr zwielichtiger Typ anrempelte und mir irgendwas verkaufen wollte. Ich wimmelte ihn ab, aber das war gleichzeitig auch mein Wachrüttler. So blieb ich stehen und schaute mich um. Es waren kaum noch Menschen außer mir auf den Straßen, die Laternen waren schon an und ich vernahm einen mir bereits bekannten Geruch. Es roch nach Marihuana, nicht weiter bedenklich, denn seit 2018 ist Cannabis legal in Kanada, aber dennoch passte es hervorragend in diesen Augenblick in dem ich mich befand. Um mich herum waren Gestalten, die Joints rauchten und andere Drogen nahmen, mir beunruhigende Blicke zuwarfen und mir irgendwie zu verstehen gaben, dass ich völlig fehl am Platz war. Obdachlose lagen an den Rändern des Bürgersteigs und stritten sich, während sie ihren Alkohol und anderes konsumierten. Ich schaute auf meiner Karte am Handy, wo ich mich befand. Mein Hostel war weit weg und ich musste einsehen, dass ich mich ins Drogenviertel verlaufen hatte. Nicht der beste Ort für ein junges Mädchen und alles in mir ließ mich spüren, dass ich hier wegmusste und zwar so schnell wie möglich. Ich hatte also das Problem, mich in Gefahr zu sehen und so musste ich handeln, nichts anderes hätte mich aus dieser Situation herausgeholt. Ich überlegte nicht lange und rief mir ein Taxi, das war die Lösung, die ich wählte und damit war mein Problem futsch.

Meistens treffen wir Entscheidungen, um unsere Probleme zu lösen weitaus langsamer. Manchmal wollen wir auch gar keine Lösung für unsere Probleme finden, dafür fehlt uns dann oftmals die Integrität uns selbst gegenüber. Ich hatte mal eine lange Autofahrt zusammen mit Nate und wir sprachen über unsere Laster im Leben. Ich war zu dem Zeitpunkt unleugbare Raucherin und so erzählte ich ihm von meinem Problem mit dem Rauchen, in der Hoffnung, er könne mir helfen, nachdem er selbst nach vielen vielen Jahren die Zigaretten erfolgreich aus seinem Leben verbannt hatte. Auf die Frage, was ich am besten machen soll, schaute er mich an und sagte völlig stumpf: „You just have to quit!" (dt.: Du musst einfach aufhören). Ich fand diesen Lösungsvorschlag ziemlich blöd, denn es war definitiv nicht das, was ich hören wollte. Ich hätte mir von ihm irgendwie mehr Anteilnahme gewünscht, mehr Nachfragerei, aber er beließ es bei diesem simplen Satz und er hatte absolut Recht. Ich fragte ihn ein paar Tage später, wieso er nur so kurz und rigoros geantwortet hatte. Er lachte und entgegnete mir, dass er nicht vorhat, mit mir zwei Jahre meinen Entzug zu planen, auch, wenn ich mich dann vielleicht besser gefühlt hätte. Ich sagte daraufhin, dass ich auch nicht erwartet habe, dass er eines Tages eine Abstinenzparty für mich schmeißt. Diesmal war seine Antwort: „Keep in mind that your biggest enemy is nobody but yourself". Und da machte es klick bei mir. Mein größter Gegner bin immer nur ich selber und ich gehe mir ausnahmslos selbst voran, niemand anderes. Nur ich selbst halte mich davon ab, mit dem Rauchen aufzuhören, denn es zwingt mich ja keiner dazu. Da merkte ich, dass man sich mitunter scheinbar Probleme schafft, die man auch behalten will - unnötigerweise. Und es war im Nachhinein betrachtet völlig richtig von Nate, mich nicht nach dem Grund für das Rauchen zu fragen oder meinetwegen irgendwas daran zu verharmlosen oder mich für meine Sucht zu bemitleiden, so, wie ich es vielleicht gerne gehabt hätte in dem Moment. Er machte mir damit ganz deutlich, dass es mir überlassen ist, ob ich eine Lösung finden will oder nicht. Genauso wurde mir klar, dass keiner kommen wird, um meine Probleme zu lösen. Mein Leben ist zu 100 Prozent meine Verantwortung.

Was ich damit auch meine, ist, dass wenn ich etwas zu sagen habe, es aber nicht tue, ich selbst schuld daran bin. Wenn ich also mit irgendetwas nicht einverstanden bin oder mit jemandem ein Problem habe, dann liegt es ganz allein an mir, ob ich den Mund aufmache. Wenn ich das nicht tue, darf ich natürlich auch nicht erwarten, dass sich etwas ändert. Abgesehen von unseren eigenen Problemen, haben wir nämlich hin und wieder auch Schwierigkeiten mit unseren zwischenmenschlichen Beziehungen, die wir führen. So kommt es vor, dass man sich mit seinen Eltern streitet, von seinem besten Freund enttäuscht wird oder sich von seinem Partner missverstanden fühlt. Ganz egal, um wen es geht, ich stelle mir neuerdings darauf immer dieselbe Frage: Do you want comfort or solutions? (dt.: Will ich Bequemlichkeit oder will ich eine Lösung?). Manchmal ist es einem unangenehm, über bestimmte Vorkommnisse zu sprechen und man möchte am liebsten seine Gefühle runterschlucken, um sich eventuellen Unannehmlichkeiten zu entziehen. Man neigt dazu, Konflikten aus dem Weg zu gehen. Wir sind groß geworden damit, unsere Gefühle entweder auszudrücken oder zu unterdrücken und meist fällt uns letzteres leichter. Ich habe im Laufe der Jahre gelernt, dass mitzuteilen, wie man sich fühlt, niemals eine echte Beziehung kaputt machen wird und wenn doch, dann bist du sowieso an jemanden geraten, den du nicht ernsthaft gebrauchen kannst. Es geht hierbei um nichts anderes als ehrliche Kommunikation miteinander und dafür sollte man sich niemals schlecht fühlen müssen. Kommunikation besteht im Übrigen auch darin, zu verstehen, warum wir mit (geliebten) Personen über manches nicht reden wollen oder auch, weshalb es uns so schwerfällt. Es gibt genug Menschen, die deine Gefühle persönlich nehmen und daran kannst du nichts ändern. Aber es ist nicht deine Aufgabe, dich zu rechtfertigen, wie es dir geht. Alles, was du tun kannst, ist, ihnen versuchen zu erklären, was in dir vor sich geht und der Rest liegt an ihnen. Als ich von meiner großen Reise zurückkam, hatte ich mich verändert. Ich fühlte mich zu meinem früheren Leben, das ich vor meiner ersten großen Reise hatte, nicht mehr verbunden und noch viel mehr hatte ich das Gefühl, dass mich in dieser Hinsicht keiner versteht und nachvollziehen kann. Ich wollte lange niemanden sehen, denn ich musste noch einiges mit mir selbst ausmachen und da hatte niemand anderes was zu suchen. So distanzierte ich mich von meinen Mitmenschen und das verstand nicht jeder. Es kam zu Missverständnissen, weil der ein oder andere dachte, ich wolle nichts mehr mit ihm zu tun haben, was nicht stimmte. Aber ich brauchte eben Zeit für mich und das formulierte ich auch genau so. Nur hast du immer jemanden dabei, der dir das verübelt und damit nicht umgehen kann und dann gehen Freundschaften zu Ende. Das ist nicht schön, aber so erkennst du auch, wie wichtig du jemandem bist und ob du diesen Menschen wirklich in deinem Leben gebrauchen kannst. Manchmal lernen wir so, dass wir nicht jedem gerecht werden können und das ist okay. Das hat nichts mit Egoismus, sondern vielmehr mit Selbstrespekt zu tun.

Kapitel 8

Arbeiten um zu leben und nicht umgekehrt

Es hat sich in den letzten Jahren ein Begriff etabliert, der jeden von uns etwas angeht. Ich spreche von der Work Life Balance. Arbeit ist wohl für die meisten Erwachsenen der Mittelpunkt des Lebens und entscheidet somit auch mit daruber, als wen wir uns identifizieren und welchen Beitrag wir auf dieser Welt leisten. Arbeit erfüllt viele Zwecke. Wir beschäftigen uns, sammeln Erfahrungen, verdienen Geld, bekommen Anerkennung und verschaffen uns damit einen Status. Obwohl Arbeit uns so viele Möglichkeiten bietet, ist sie doch ein hoch sensibles Thema heutzutage, wie ich finde. Arbeit bedeutet für viele von uns nämlich auch Stress, Druck, Unzufriedenheit, Belastung und Sorgenmacherei.

Jeder macht in der Arbeitswelt ganz eigene Erfahrungen und geht mit diesen unterschiedlich um. Du musst dich kritikunfähigen, kontrollsüchtigen Chefs unterordnen, mit griesgrämigen Arbeitskollegen auskommen, vor unfreundlichen Kunden, Patienten oder Gästen dein Lächeln bewahren und trotzdem wird von dir erwartet, dass du deine Arbeit gut machst und funktionierst. Das ist gar nicht immer so einfach.

Ich hatte einen sehr unvergesslichen Moment als ich mal in Edmonton war. Ich befand mich auf der Durchreise und musste noch auf meinen Bus warten. Es war Winter und sehr kalt. Keiner, der nicht wirklich raus musste, wäre an diesem Tag vor die Tür gegangen. Das Thermometer zeigte unter -40 Grad an und mit dem eisigen Wind fühlte es sich noch kälter an. Wenn du bei solchen Temperaturen rausgehst und dich nicht richtig anziehst, hast du keine Chance, diesen Wetterverhältnissen lange Stand zu halten. Vermummst du dein Gesicht nicht mit einem dicken Schal oder einem Tuch, tut deine Haut sofort weh und es ist kaum zum Aushalten. Eine sehr schmerzhafte Erfahrung, das kann ich dir sagen. Einmal waren meine Füße so eiskalt, dass ich dachte, wenn ich mit meinen Zehen irgendwo gegenstoße, dass sie einfach abbrechen würden. Naja, zum Glück hatten die Greyhoundstationen alle einen beheizten Raum, der als Buhaltesstelle fungierte und dafür war ich an dem Tag äußerst dankbar. Nun wollte ich mir meine Wartezeit vertreiben und schaute durch die verglaste Tür nach draußen. Die Hauptstraße war wegen Baustellenarbeiten gesperrt. Was ich sah, machte mich stutzig. Auf dieser abgesperrten Straße arbeiteten wirklich Menschen bei diesem Wetter und noch viel krasser, ihnen schien es nichts auszumachen. Ich beobachtete sie eine Weile und je länger ich ihnen zuschaute, desto mehr kam ich ins Grübeln. Sie hatten Spaß, unterstützten sich gegenseitig und waren hin und wieder am Tanzen zu der Musik aus ihrem Radio, die ich bis drinnen hören konnte. Ich stand irgendwann auf, ging nach draußen und fragte einen der Arbeiter, ob ich ihnen Kaffee von Timmie`s bringen soll, damit sie ein bisschen aufwärmen. Der Typ schaute mich freudestrahlend an und meinte daraufhin, dass sie klarkommen und bot mir darauf einen Schluck Kaffee aus seiner Thermoskanne an. Ich schüttelte lachend den Kopf und konnte einfach nicht glauben, wie gutgelaunt diese Männer trotz der Umstände waren. Das brachte mich sehr zum Nachdenken. So eine positive Arbeitseinstellung kannte ich bis dahin nicht und ich wollte sie mit Nachhause nehmen. Nichts konnte diesen taffen Arbeitern den Tag kaputtmachen, wohingegen mir von daheim etliche Situationen einfielen, die mir auf der Arbeit schlechte Laune bereiteten. Ich dachte vor allem an die vielen Baustellen in Deutschland, die tagelang leer stehen, weil Sonntag ist oder wegen Wetterbedingungen nicht weitergearbeitet wird und das kam mir so lächerlich vor, nachdem ich diese zähen Arbeiter gesehen hatte. Wenn die dieselben Ausreden hätten wie wir, könnten die ein halbes Jahr nicht arbeiten, weil Schnee liegt, aber davon ließen sie sich scheinbar alles andere als unterkriegen. Fun Fact: In Kanada erhöhen sich die Speedfines, sobald sich Arbeiter auf den Straßen an den Baustellen aufhalten. Wenn du also auf dem Highway geblitzt wirst, zahlst du deutlich mehr Geld, wenn du dabei an einer Baustelle vorbeikommst. Das dient zum Schutz der Arbeiter.

Meine ersten Jahre in der Arbeitswelt hinterließen einen sehr deutlichen Eindruck. Du bist permanentem Leistungsdruck und Konkurrenzkampf ausgesetzt und musst nebenbei noch mit deinem privaten Leben jonglieren. Zudem hat man manchmal das Gefühl, man kommt nicht voran und vor allem kommen wir viel zu selten einfach mal zur Ruhe. Wir haben immer etwas zu tun oder zu erledigen. Ich empfinde es als sehr belastend, herauszufinden, wie man unter diesen Bedingungen ein ideales Gleichgewicht zwischen Familie, Freizeit und dem Job halten soll. Das Einzige, das zählt, ist, dass wir funktionieren müssen.

Eigentlich haben wir uns ein System geschaffen, mit dem wir uns selbst erpressen. Wir müssen arbeiten gehen, damit wir Geld bekommen. Schwer, sich dem zu widersetzen, denn wir alle brauchen Geld zum Überleben. Dir wird also vorgegeben, dass du arbeiten musst, aber keiner zwingt dich dazu, einen scheiß Job zu machen, das liegt in unserer eigenen Hand. Und doch sind so viele von uns gefangen an einem ätzenden Arbeitsplatz, wo jeder Weg heraus aussichtslos scheint.

Wir leben in einer Konsumgesellschaft. Wahrscheinlich sind vielen von uns deswegen materielle Dinge so unglaublich wichtig. Fährst du ein dickes Auto, bist du jemand und hast du nichts, wirst du nicht beachtet, so lautet die stille Devise. Wie teuer unser Auto und wie groß unser Haus ist, geben scheinbar Aufschluss darüber, wie erfolgreich wir sind und daran misst sich die Mehrheit. Der Wert des Materiellen, was wir besitzen, ist also der Maßstab für Erfolg, sehe ich das richtig? Versteh mich nicht falsch, es ist keinesfalls verwerflich, die Ambitionen zu haben, einmal einen Porsche besitzen oder in einem Schloss wohnen zu wollen, aber sind das wirklich die Parameter, die Aufschluss über ein erfolgreiches und erfülltes Leben geben sollten? Klar ist es schön, ein ansehnliches Auto zu fahren, aber was ist der Preis dafür und warum bilden sich so viele von uns darauf etwas ein? Unser Leben besteht durchgehend aus einem Wetteifern. Nicht bloß in der Arbeitswelt konkurriert man miteinander, im Privaten rivalisiert man erst recht und das fängt schon früh an. In der Schule will man auch mit dazugehören, Markenklamotten tragen, mehr Taschengeld kriegen als seine Mitschüler, bessere Noten als sein Sitznachbar bekommen und ein neueres Iphone haben als seine Freunde. Später dann geht es darum, wer welche Position im Job hat, vielleicht das höchste Gehalt vorweisen kann und wer das dickste Auto vor der Einfahrt stehen hat. Wir wachsen damit auf, dass es immer noch besser, schneller und weiter geht, als das, was man gerade hat und in diesem Hamsterrad rennen wir wie bekloppt unser gesamtes Leben lang, ohne Pause. Wie ist es da möglich, sich heute überhaupt noch abzuheben? Was ist denn mit der Überlegung, dass man nicht unbedingt besser sein muss, sondern vielleicht eben einfach nur anders?

Zu arbeiten, kann einen in vielerlei Hinsicht stolz machen. Es gibt aber einen gehörigen Unterschied zwischen Stolz haben und stolz sein und oft ist es so, dass man seinen Stolz herunterschlucken muss, um weiterzukommen. Ich dachte beispielsweise, wenn ich still bin und alles mit mir machen lasse von meinem Vorgesetzten, dass sich das eines Tages auszahlen wird. Das ist Quatsch, denn es interessiert die wenigsten, wie es dir dabei ergeht, sie gehen so weit, wie du sie lässt und ich hatte lange Zeit keine Ahnung davon, wie und wann man Grenzen aufzeigt. Es kann uns große Überwindung kosten, die Klappe aufzumachen, aber ich habe für mich beschlossen, dass ich mir nicht mehr alles gefallen lassen möchte, auch nicht von meinem Chef. Wobei meine persönliche Rebellion nicht wirklich meinem Chef gilt, sondern vielmehr dem gesamten System, von dem wir alle Teil sind. Für mich war es überaus frustrierend, mich nach meinen abenteuerlichen Reisen wieder in den Alltag einzufinden und mich fügen zu müssen. Ich hatte damals keine Qualifikationen, die ich hätte vorweisen können, außer mein Abitur und damit bewirbst du dich irgendwo, um vorübergehend für den Mindestlohn zu arbeiten, vorgeschriebene Arbeitszeiten zu bekommen und hast dann auch noch festgelegte und vor allem begrenzte Urlaubstage. Damals blieb mir nichts anderes übrig, als mich damit abzufinden, aber heute bin ich weitaus ehrgeiziger, meine Lebenssituation zu hinterfragen und sie vor allem auch nicht mehr anzuerkennen. Für mich war es das Schlimmste, die Gewissheit zu haben, nicht einfach mal eben wieder weiter durch die Welt reisen zu können, weil ich bei meinen Urlaubsanträgen um Erlaubnis bitten musste und die auch irgendwann logischerweise aufgebraucht waren. Jetzt kann man natürlich und das habe ich auch mehr als oft gehört, argumentieren, dass es ja jedem von uns so geht und dass das eben in der Arbeitswelt so ist, aber das sehe ich anders. Muss ich es wirklich hinnehmen, andere Menschen um Erlaubnis zu bitten, freizumachen? Muss ich mich mit dem Mindestlohn begnügen? Und ja, es mag sein, dass ich völlig unrealistische Vorstellungen vom Erwachsensein habe und ich für viele als Spinnerin gelte, aber wer hatte denn nicht auch schonmal denselben Gedanken? Ich will mich nicht damit zufriedengeben, den Rest meines Lebens für jemanden zu arbeiten, unter Konditionen, die ich nicht für angemessen halte. Meine Zeit kann mir am Ende niemand zurückgeben, auch nicht mein Arbeitgeber und das ist doch das Kostbarste, was wir haben. Trotzdem sind wir so viel damit beschäftigt zu arbeiten, obwohl man tausend andere Dinge machen könnte. Ich will selbst bestimmen, für wie lange ich Urlaub mache. Ich will selbst entscheiden, wann ich arbeite und vielleicht will ich ja auch gar nicht arbeiten. Zumindest will ich meine Arbeit in dem Sinne nicht als wirkliche Arbeit ansehen müssen. Ich sage dir, was ich damit meine.

Ich möchte tun, was mir Spaß macht und worin ich gut bin, das ist das Allerwichtigste für mich. Aber ich werde meine Leidenschaft nicht einfach so irgendwo auf der Straße finden, sondern ICH muss sie erst erschaffen. Sehr wahrscheinlich geht man dabei auf dem Weg dorthin verloren. Es gibt nämlich so etliche Bedenkenträger, die dir dabei in die Quere kommen. Andere mischen sich permanent in dein Leben ein, indem sie Fragen stellen wie „Wie lange brauchst du denn noch für dein Studium?“, „Was willst du denn danach machen?“, „Kann man denn damit überhaupt Geld verdienen?“ usw. Die anderen wissen meist alles besser und du hast das Gefühl, dich rechtfertigen zu müssen für deine Entscheidungen und das nervt mich zutiefst. Man hat nicht immer auf alles eine Antwort parat und es ist schwer genug, das zu finden, was man will und so habe ich auch in diesem Lebensbereich angefangen, auf meinen Kompass zu hören, ungeachtet, wie andere das finden und was sie davon halten. Außerdem musst du keine Tipps oder Ratschläge von Menschen annehmen, die nicht dort stehen, wo du im Leben mal sein möchtest. Es ist reine Zeitverschwendung, dich für deine Vorhaben zu rechtfertigen, vor Leuten, die überhaupt nicht das Leben führen, das du haben willst. Wichtig ist, dass DU an dich selbst glaubst. Dass du eine Vision hast, wie dein Leben eines Tages sein soll.

Ich fing damit an, mir die Frage zu stellen, was ich will, warum ich es will und, ob es gut für mich ist. Die Antwort ist leicht für mich. Ich will Freiheit. Ich will, dass niemand anderes darüber bestimmt, was ich mache, wann ich es mache und ob ich es mache. Und das ist mein Motto: Was ich zu akzeptieren habe, entscheidet kein anderer außer mir selbst.

Wenn ich also nicht damit einverstanden bin, dass ich limitierte Urlaubstage im Jahr habe, dann muss ich einen Weg finden, mein Geld anders zu verdienen und das könnte bedeuten, aus dem System auszutreten. Im Gefängnis gibt es auch immer mindestens einen, der ausbrechen will und einen Fluchtplan hat und das haben ja tatsächlich auch schon welche geschafft, es ist also nicht unmöglich. Und genau dasselbe ist es mit unserem System. Klar, da gibt es immer die Mehrheit, die sagt, dass du es nicht schaffen wirst, daraus zu kommen. Dass ich es in dem Fall nicht schaffen werde, den idealen Job meiner Vorstellungen und Ansprüche zu finden, aber ist das so? Der gravierende Unterschied zwischen uns und den Häftlingen ist der, dass wir nichts falsch gemacht oder verbrochen haben. Mir und dir steht es zu, auszubrechen, wenn wir das wollen, wir brauchen bloß einen soliden durchdachten Plan. Die meisten Gefängnisinsassen hingegen resignieren und finden sich mit ihrem Urteil ab und das tut der Großteil unserer Gesellschaft auch. Die Masse kapituliert und beugt sich und nimmt es als gegeben hin, dass man halt nur einmal im Jahr in den Urlaub fahren kann oder weniger Zeit mit der Familie hat oder oder oder. Aber was ist denn mit unseren Träumen? Was ist mit meiner Freiheit, die ich mir so sehr wünsche? Das interessiert keinen und schon gar nicht unsere Chefs. Ich will selbstverständlich auch meinen Beitrag in der Gesellschaft leisten und Geld verdienen, aber ich will nicht nur leben um zu arbeiten, für diese Zugfahrt habe ich mir kein Ticket gekauft.

Als ich von meiner zweiten Kanadareise zurückkehrte, stand für mich, mit meinen Anfang zwanzig Jahren, der Entschluss fest, dass ich, sobald es geht, auswandere. Das ist mein größter Traum, was ist deiner? Träume werden nicht immer wahr, aber wir können sie meistens in Ziele umwandeln, wenn wir das möchten und es liegt an uns, ob wir sie erreichen. Mir hat mal jemand gesagt, dass wenn ich einen Traum habe, ihn verfolgen soll, denn er wird mich nicht zurückjagen und das stimmt.

Ziele müssen messbar sein, d.h. in meinem Fall, ich musste festlegen, wann ich nach Kanada ziehen und wie ich es erreichen will. Meine größte Hürde ist dabei das Kapital und für mich war es einleuchtend, dass ich, so schnell es geht, Geld verdiene. Ich hatte neben meinem Studium teilweise drei Jobs gleichzeitig, von denen ich zwei hasste. Trotzdem ging ich jeden Tag aufs Neue dahin, weil ich wusste, wofür ich es tue. Irgendwann war aber der Punkt erreicht, wo es zu viel für mich wurde. Es deprimierte mich ohne Ende, festzustellen, dass mein hart erarbeitetes Geld niemals dafür reichen würde, um mir ein Leben in Kanada aufzubauen. Zudem hatte ich mit unzähligen Menschen zu tun, die mir einfach auf die Nerven gingen. Das wollte ich mir nicht länger antun, denn mir raubte es jeglichen Seelenfrieden, den ich bis dahin noch hatte. Seitdem habe ich keine Ruhe mehr und will einen Weg finden, der meinen Vorstellungen gerecht wird und davon wird mich keiner abhalten. Das ist der

Anspruch, den ich an mich selbst stellen muss, wenn ich mein Ziel wirklich erreichen möchte. Das Wichtigste dabei ist es, nicht aufzugeben und immer weiterzumachen. Nicht aufzuhören. Jeder von uns verfolgt unterschiedliche Ziele und von daher ist es völlig legitim, wenn es Menschen unter uns gibt, die weitaus genügsamer unterwegs sind, als ich es bin, aber auf diese Weise entscheidet jeder selbst, wo er im Leben hinkommen will. Jeder von uns verfolgt auch andere Werte und erst einmal musst du ja überhaupt wissen, worum es dir geht. Ich habe gemerkt, dass mir eben Freiheit extrem wichtig ist, ganz egal, in welchem Lebensbereich. Deswegen kommen damit einhergehend auch viele Arbeitsplätze für mich nicht mehr infrage. Ich könnte niemals Lehrer an einer Schule werden und so hat jeder seinen ganz eigenen Weg, den er geht, wenn er das will. Vergleiche dich dabei nicht mit anderen, denn was ich auch gemerkt habe, ist, dass einen das manchmal ziemlich ausbremsen oder auch verunsichern kann. Sieh es lieber so, dass jeder von uns sein eigenes Rennen fährt, aber wir fahren niemals gegeneinander, nur gegen uns selbst. Nur, weil jemand bildlich gesprochen schneller fährt und eher an sein Ziel kommt als du, heißt das noch lange nicht, dass er dich überholt hat.

Oft bietet uns das Leben Chancen, nur wir erkennen sie nicht. Stell dir Folgendes vor: Du hast Hunger und willst dir ein Brot schmieren. Während du dir dein Essen zubereitest, merkst du, dass der Belag, für den du dich entschieden hast, nicht für das ganze Brot ausreicht. Wahrscheinlich wirst du dich jetzt ärgern, da zu wenig von dem Aufstrich da ist. So wurden wir konditioniert. Wir haben immer direkt automatisch diesen Tunnelblick, der uns teilweise sowas von einfältig sein lässt. Was wäre denn damit, dass du dich darüber freust, da du jetzt noch Platz für etwas anderes auf deinem Brot hast? Du hast die Möglichkeit, etwas anderes zu probieren oder sogar zwei Sachen miteinander zu kombinieren. Klingt doch gar nicht so schlecht, oder? Übertrage dieses vermeintliche Dilemma doch mal auf dein Leben. Vielleicht lernen wir dadurch ganz Neues kennen, das uns sogar dann noch schmeckt.

Als ich bei Nate war, lernte ich, wie zimperlich in mancher Hinsicht ich doch bin und hatte die Gelegenheit, meine Arbeitseinstellung zu stärken. An einem Tag rutschte ich ungeschickterweise auf dem spiegelglatten Eis aus und verletzte mir dabei mein Steißbein. Ich hatte solche Schmerzen, dass ich mich nicht hinlegen und fast zwei Tage nicht aufs Klo gehen konnte, weil Sitzen für mich unmöglich war. Es war schlimm und es tat saumäßig weh. Wäre mir das Zuhause passiert, hätte ich mich wahrscheinlich, ohne zu zögern, zwei Wochen krankschreiben lassen. Das ging hier aber nicht, denn die Umstände waren extrem anders. In Deutschland drehst du im Winter üblicherweise an der Heizung und dann ist es warm, weil auf die ist in der Regel Verlass. Nate heizte sein komplettes Zuhause aber mit Holz, das er im Stundentakt in den Kamin schmeißen musste und irgendwann hat man kein Holz mehr. Wir mussten also regelmäßig raus in den Wald, um Bäume zu fällen, damit wir neues Holz beschaffen konnten, das uns warmhält. Ich war so oder so kein geborener Lumberjack, aber dennoch war Nate auf meine Hilfe angewiesen. Ich musste folglich zwischen zwei Optionen wählen: Will ich Schmerzen haben oder will ich frieren? Peinigende Schmerzen klangen für mich weitaus attraktiver, als nicht schlafen zu können, weil einem bitterkalt ist und so musste ich die Zähne zusammenbeißen. Ich schwor mir daraufhin, nie wieder dünnhäutig daheim zu sein und wegen Bagatellen rumzuheulen. Wie häufig war jeder von uns schon in der Versuchung, sich krank zu melden, weil er eigentlich nichts hatte, höchstens kein Bock auf die Arbeit? Diese Erfahrung veränderte meine Sichtweise auch dahingehend, wie essentiell jede helfende Hand manchmal ist.

John D. Rockefeller sagte einst, er wolle eine Nation, die arbeitet und keine Nation, die denkt. Mir stellt sich da die Frage, inwiefern das denn in unserem Land anders gewollt ist. Unser Schulsystem ist ebenso darauf ausgelegt, Arbeiter großzuziehen, die in einem Angestelltenverhältnis stehen werden. Es ist gar nicht für uns vorgesehen, dass wir unseren Freigeist entfalten. Wir werden schon im frühen Alter darauf trainiert, den Rest unseres Lebens zu arbeiten, uns unterzuordnen und dabei nichts zu hinterfragen. Aber was ist, wenn ich ganz andere Pläne habe? Wenn ich gar nicht vorhabe für jemanden zu arbeiten, außer mir selber? Warum bekommen wir in der Schule nicht beigebracht, wie man vom Arbeitnehmer zum Arbeitgeber wird? Wir lernen in der Schule nicht, wie wir selbst bestimmen, sondern, wie wir über uns bestimmen lassen. Vielleicht will ich das ja gar nicht.

Teto ist meine persönliche Akürzung für „to each their own". Für mich bedeutet es, dass jeder sich selbst überlassen ist und entscheiden kann, was er machen möchte. Um Gottes Willen muss nicht jeder dieselben Ansichten bezüglich des Arbeitens mit mir teilen und das ist bestimmt auch gut so. Es ist aber auch nicht verkehrt, zu hinterfragen, was einem das System vorgibt und, ob man mittendrin für immer dabei sein will. Das, was du im Leben tolerierst, ist genau das, was du bekommst. Vergiss das nicht! Und wenn du dich immer bloß daran orientierst, was die Menge und der Durchschnitt in unserer Gesellschaft macht, kannst du nicht erwarten, dass du damit erfolgreicher wirst, als der Rest.

Ich habe vor Kurzem einen Spruch gefunden, den ich recht passend fand und der mich auf der Arbeit ab und zu aufheitert: „Don`t blame a clown for acting like a clown. Ask yourself why you keep going to the circus." (dt.: Mach nicht den Clown dafür verantwortlich, dass er sich wie ein Clown aufführt. Frag dich lieber, warum du immer noch in den Zirkus gehst). Du hast die Wahl. Du musst nicht zwingend den Rest deines Lebens in den Zirkus gehen, sei dir dessen bewusst.

Kapitel 9

No Matter What

Dein allerwichtigster Job auf dieser Welt ist es, dass es dir gutgeht. Du bist das Goldstück deines Lebens und fange niemals an, mit diesem Mantra aufzuhören.

Der Weg zu uns selbst ist einsam, machen wir uns nichts vor. Wenn du dich dazu entschließt, dich um dich selbst zu kümmern, auf dich zu achten und weiterzukommen in deinem Leben, dann verlassen dich Menschen während dieser Reise. Nicht jeder will wachsen, aber das muss dich schon gar nicht davon abhalten, dich weiterzuentwickeln, worin auch immer diese Entwicklung bestehen vermag. Lasse dich auf deiner persönlichen Reise von nichts und niemandem aufhalten und schon gar nicht von dir selber.

Wir stehen uns bei unserem Vorhaben häufig selbst im Weg. Der Grund, weswegen wir unsere Ziele meist nicht erreichen, ist die mangelnde Disziplin. Was ist für dich Disziplin? Für mich ist es die größte und stärkste Form von Selbstliebe und die hat viele Gesichter. Selbstdisziplin zu haben bedeutet für mich, zu etwas Verlockendem in diesem Moment nein zu sagen, damit ich anschließend etwas viel Besseres bekomme. In erster Linie sage ich nein zu meinem Ich, das in seiner Komfortzone sitzt und nicht herauskommen will. Wenn ich mir beispielsweise vornehme, jeden Abend um

22 Uhr im Bett zu liegen, dann muss ich zuerst nein zu meiner alten Gewohnheit sagen und auf den verführerischen Zustand verzichten, unterwegs zu sein und Party etc. zu machen, damit ich stattdessen einen geregelten und vor allem gesünderen Schlafrhythmus habe. Im ersten Moment ist es gewiss attraktiver und reizvoller, mich spät abends noch mit Freunden zum Feiern zu treffen, aber wenn ich abwäge zwischen Partymachen und genügend Schlaf zu bekommen, dann ist letzteres für mich mit Sicherheit das Erstrebenswertere von beidem, wenn ich ehrlich zu mir selbst bin. Gehe mal gedanklich deine letzte Woche durch und stelle dir anschließend die Frage, ob du ein erfülltes Leben führen und deine Ziele erreichen wirst, wenn der Rest deines Lebens genau aus diesen Tagen besteht, die du zuletzt gelebt hast. Und wenn dem nicht so ist, dann weißt du, dass du etwas ändern musst und zwar zu deinem eigenen Wohl.

Disziplin heißt, dass wir auf etwas hinarbeiten, das unser Leben besser macht. Dabei fühlt sich unsere Selbstliebe nicht immer nur durchgehend gut an. Oftmals entscheiden wir uns nämlich lieber für Dinge, die lediglich einen kurzfristigen Wohlfühlfaktor haben, aber uns langfristig nur schaden. Deshalb ist es wichtig zu verstehen, dass die Liebe, die wir uns selbst gegenüberbringen, indem wir Disziplin entwickeln, nicht immer unbedingt sofort ein Genuss ist. Stell dir vor, du hast ein Kind und das macht, was es will. Es muss auch lernen, dass es nicht alles beim Einkaufen mitnehmen darf, nur eine begrenzte Fernsehzeit hat und um eine bestimmte Uhrzeit im Bett liegen muss. Diese Regeln stellen wir nicht auf, um unseren Nachwuchs zu ärgern, sondern es ist zu seinem eigenen Wohl und Schutz. Wir alle haben auch dieses kleine Quängelkind in uns sitzen, das häufig nicht sofort begreift, dass wir ihm bloß helfen wollen, indem wir Disziplin ausüben. Im Gegensatz zu uns versteht es nicht gleich, wieso wir ihm nicht alles erlauben und durchgehen lassen und das ist eine ganz normale Reaktion, die wir da erleben, wenn wir an unserer Selbstdisziplin arbeiten. Selbstdisziplin ist somit für mich ebenso die knallharte Intoleranz für alles, was mir auf dem Weg zu meiner Eigenliebe in die Quere kommt. Das können Situationen sein, aber meistens sind es überwiegend andere Menschen.

Zählst du dich auch manchmal zu denen, die denken, ohne sie würde die Welt nicht funktionieren? Ich sage dir jetzt, dass es absolut nicht deine Aufgabe ist, dass unsere Welt funktioniert. Du willst immer für alle da sein, überall unterstützen und helfen, egal, ob auf der Arbeit, in deinem Freundeskreis oder innerhalb der Familie. Daran ist grundsätzlich nichts auszusetzen, aber hattest du auch schon das Gefühl, dass dieses „sich Verantwortlichfühlen, dass alles läuft", dich sehr müde gemacht und vielleicht sogar schon überfordert hat? Wir sind häufig viel zu sehr mit den Leben anderer beschäftigt, dass wir gar nicht mehr dazu kommen, unser eigenes so zu führen, wie wir es gerne hätten. Ich habe dir bereits mitgeteilt, dass wir auch unseren geliebten Menschen hin und wieder Grenzen aufzeigen müssen und ihnen nicht unendlich viele Taschentücher anreichen sollten und darauf möchte ich an dieser Stelle noch tiefer eingehen.

Würden deine Mitmenschen so viel Rücksicht auf dich nehmen, wie du es bei ihnen tust, dann wärst du in vielen Situationen überhaupt nicht drin. Inwiefern denkt dein Chef an dein Wohl, wenn er dich zum wiederholten Mal fragt, ob du für einen Arbeitskollegen einspringen kannst? Gar nicht. Der Vorgesetzte denkt an sein Wohl und nicht an deins. Warum also verspüren wir das Bedürfnis, es anderen rechtmachen zu müssen, obwohl dabei auf uns umgekehrt kaum Rücksicht genommen wird? Viel schlimmer als Chefs finde ich aber persönlich die sogenannten Askholes. Das sind Menschen, die zu dir gehen, weil sie deinen Rat oder deine Hilfe in einer Angelegenheit wollen, dann aber das komplette Gegenteil von dem machen, was du ihnen gesagt hast und anschließend zurück zu dir kommen und zu derselben Angelegenheit erneut um Rat fragen. Ich muss gestehen, auch ich war ein Askhole. Ich habe mir jahrelang immer und immer wieder Beistand von meinen Freunden zu derselben Situation eingeholt und am Ende dann doch komplett entgegen ihrer Ratschläge gehandelt. Das ist eine Karussellfahrt, die irgendwann zu Ende ist. Entweder, weil du brechen musst oder weil dich einer von deinen Freunden daraus holt und dir im Anschluss eine knallt, weil er sich das nicht mehr länger mit anschauen kann. Bei mir war es eine Mischung aus beidem. Mir ist dabei viel zu spät klargeworden, wie rücksichtslos und egoistisch es doch war, meine Freunde in meine vermeintliche Lebenskrise mitreinzuziehen, obwohl sie mir so oft einen Weg daraus gezeigt haben. Dafür schäme ich mich bis heute und will meine Freunde nicht noch einmal in so eine Situation hineinbringen. Genauso wenig möchte ich aber auch nicht mehr dieser Freund sein, der die Tickets für diese Karussellfahrten der anderen Askholes bezahlt. Ganz einfach aus dem Grund, weil es super anstrengend ist und müde macht, derjenige zu sein, der in Augen anderer dafür da ist, sich ununterbrochen das Gejammer anzuhören und dann auch noch die „Krisen" der anderen lösen soll. Es ist nicht mein Job, dass es dir gutgeht und genauso wenig ist es dein Job, dass es mir gutgeht. Dass ich mich und mein Wohl an erste Stelle packe, macht mich nicht egoistisch, sondern es bedeutet, dass ich einen Selbstwert habe. Dass ich mir immerhin so wichtig bin, dass ich mich nicht in eine Position bringe, in der mein eigener Wert gefährdet wird.

Zu jeder Zeit bin ich dafür verantwortlich, was mir zustößt. Es muss so sein, dass sich jeder an erste Stelle packt und dazu gibt es keine Alternative. Das klingt für dich sehr wahrscheinlich doch nach einer ziemlich selbstsüchtigen Einstellung, aber lass es mich dir mit einem Bild erklären. Stelle dir vor, du bist mit zwei weiteren Personen auf einem kleinen

Boot, mitten auf dem Meer. Ein Sturm zieht auf und euer Boot droht umzukippen. Ihr habt nur eine einzige Schwimmweste an Bord. Wer bekommt die Schwimmweste? DU ziehst dir die Rettungsweste an und weißt du auch warum? Indem du dir die Weste anziehst, hilfst du den anderen beiden Personen garantiert am meisten, denn sie können sich an dir festhalten. In dem Moment, wo du die Schwimmweste trägst, übernimmst du Verantwortung und das ist ein Zeichen von Selbstbewusstsein und zeugt von Selbstsicherheit. Die beiden Personen können dann selbst entscheiden, ob sie sich an dich klammern oder ob sie ertrinken wollen. Wenn du die Weste stattdessen aber weitergibst, weil du denkst, du wärst selbstlos oder bräuchtest sie gar nicht, dann kann es passieren, dass die anderen dich runterziehen und dann ertrinkt ihr alle. Verstehst du die Botschaft dahinter? Dir muss es zu allererst selbst gutgehen, damit du anderen helfen kannst, ansonsten kannst auch du den anderen gar nicht helfen. Wenn du also beispielsweise einen Hänger hast, weil du deinen Job verloren oder dich frisch getrennt hast, dann kümmere dich erst darum, dass du da wieder rauskommst und anschließend kannst du für deine Mitmenschen da sein. Wenn du das nicht so praktizierst, wirst du deine Situation und auch die des anderen wahrscheinlich nur schlimmer machen. Wenn du und dein Freund gerade gleichzeitig arbeitslos oder von euerm Partner verlassen worden seid, dann seid ihr beide in einer Situation, in der ihr euch und euer Leid gegenseitig hochschaukeln werdet.

Wenn du aber hingegen schon wieder neue Bewerbungen abgeschickt hast oder über die Trennung hinweggekommen bist, wird es dir um einiges leichter fallen, deinen Freund aus seiner Krise herauszuholen oder ihn wenigstens mit hochzuziehen. Wenn ihr beide in den Brunnen gefallen seid, musst du erst wieder herausklettern, um anschließend dann auch deinem Freund daraus helfen zu können. Es wird nichts bringen, wenn ihr beide unten im Brunnen sitzt und euch darüber beklagt, dass ihr reingefallen seid.

Bei jeder Reise, die ich antrete, ist es ein Ritual, dass meine Eltern und mein Bruder mich zum Flughafen bringen und mich dort verabschieden. Abschiednehmen ist mir nie leichtgefallen und definitiv auch nicht leichter geworden über all die Jahre. Du verabschiedest dich vorübergehend von Menschen, die du liebst und die dir etwas bedeuten. In diesen Momenten bekomme ich Sorge, dass ihnen etwas zustoßen könnte, während ich nicht da bin und umgekehrt soll der Tochter und der großen Schwester auch nichts passieren, wenn sie mal wieder auf die Idee kommt, ganz alleine um die halbe Welt zu reisen. Das löst Unbehagen auf beiden Seiten aus und deswegen haben wir eine Abmachung getroffen. Ich passe für meine Familie auf mich auf und meine Familie passt für mich auf sich auf. Das verleiht mir jedes Mal enorme Sicherheit und ich kann mich uneingeschränkt darauf konzentrieren, dass ich auf mich achtgebe.

Es gibt unumstritten Momente, in denen du anderen helfen und sie unterstützen darfst, aber sei dir bewusst, dass jedes Mal, wenn du versuchst, jemandem aus derselben Situation zu helfen, du ihn der Möglichkeit beraubst zu wachsen und sich selbst zu helfen. Jedes Mal, wenn du dich in ein und dieselbe Krise, in der dein Freund sich befindet, einmischst, machst du ihn damit gleichzeitig schwächer und auch abhängig von dir. Wenn dein Freund immer wieder denselben toxischen Menschen datet oder wenn dein Arbeitskollege permanent sein Essen vergisst, dann lass sie. Wenn sie wirklich bereit sind, etwas ändern zu wollen, dann können sie zu dir kommen und dann kannst du ihnen zur Seite stehen. Aber zu dieser Erkenntnis müssen sie alleine kommen, vorher tust du weder dir, noch ihnen mit deiner gutgemeinten Hilfe einen Gefallen. Stelle dir vor, du läufst mit deinen Freunden oder Arbeitskollegen oder wem auch immer, einen Marathon. Du hast viel Ausdauer und Motivation und wirst wahrscheinlich folglich schnell auf die Ziellinie zulaufen. Klar kannst du dich zwischendurch nach hinten umdrehen und schauen, wo die anderen sind. Wenn du dann siehst, dass dein Freund oder dein Arbeitskollege den Anschluss verloren hat und vielleicht sogar nicht mehr kann, darfst du stehen bleiben und auf ihn warten. Aber überlege dir vorher gut, ob derjenige überhaupt vorhat, das Ziel zu erreichen (so, wie du). Du solltest nicht auf jemanden warten, der gar nicht erst am Ziel ankommen will. Menschen müssen erst die Bereitschaft haben, aus ihrer Komfortzone und etwas verändern zu wollen, ansonsten können wir bis dahin nichts für sie tun.

Auch ich musste damals in Kanada lernen, was es heißt, seine Komfortzone zu verlassen. Mir gefiel es auch nicht sonderlich, jeden Morgen um 5 Uhr aufzustehen, um die Tiere zu füttern. Kalt duschen zu gehen, weil wir kein warmes Wasser hatten. Eine neue Sprache zu lernen. Zu frieren. Es gab genügend Anlässe für mich, um zu jammern und um mich selbst zu bemitleiden und das tat ich sicher anfangs auch, aber dann merkte ich, dass ich genau diese Momente in meinem Leben brauchte, um abzuhärten und mich weiterzuentwickeln. Natürlich habe ich mich in den ersten Tagen beklagt, dass mein Wecker zu früh ging, aber es kam dieser Wendepunkt, an dem ich morgens aufwachte, trotz der Uhrzeit gute Laune hatte und stolz darauf war, dass ich mehr Disziplin entwickelt hatte. Wenn ich meine Situation nicht ändern konnte, musste ich meine Einstellung eben verändern und wenn du das erfolgreich schaffst, fühlt es sich super toll an. Selbstmitleid hatte von da an keinen Platz mehr in meinem Leben. Ich lernte, wie ich mich selbst besiegte und dabei trotzdem gewann.

Heute habe ich kaum noch Respekt mehr vor denen, die morgens aufstehen und sich dazu entscheiden, mit einem Opfer Mindset unterwegs zu sein. So viele ziehen sich diesen verdammten Würstchenhut auf und sind der festen

Überzeugung, dass unsere Welt schlecht ist und jeder nur da ist, um ihre Gefühle zu verletzen und sie zu ärgern. Ich habe die Einstellung dazu, dass egal in welcher Situation ich mich befinde, ich ausnahmslos etwas Positives aus ihr ziehen kann. Ein Licht zu sehen, auch, wenn es gerade dunkel ist. Und, dass ich mein Leben beherrsche, wenn ich es schaffe, über Dinge zu lachen, die mich eigentlich schlecht fühlen lassen sollten, einschließlich mir selbst. Dann habe ich die Spielregeln des Lebens durchschaut und habe gute Chancen, zu gewinnen.

Ich finde es völlig legitim, sich selbst auch mal die Vorfahrt zu geben, auch, wenn das bedeutet, dass andere zu warten haben. Im Straßenverkehr ist es auch völlig normal, dass du zuerst fährst, wenn du der Rechte bist und das Vorfahrtsgebot gilt, dass rechts vor links ist. Da zögerst du doch auch nicht jedes Mal und lässt den anderen vor dir fahren, oder? Nein, du bestehst auf dein Recht, weil du ansonsten womöglich die anderen Verkehrsteilnehmer irritierst und damit schlimmstenfalls das System und den Ablauf einer ganzen Kreuzung durcheinanderbringst und dein Verhalten im Worst Case vielleicht sogar noch zu einem Unfall führt. Beziehe doch dieses Szenario bitte auf dein echtes Leben. Es ist ja schön, wenn du jemanden in deinem Leben zuerst fahren lässt, aber derjenige gewöhnt sich daran und nimmt es schlimmstenfalls irgendwann für selbstverständlich. Wir Menschen brauchen (Vorfahrts-)Regeln untereinander, damit unsere Beziehungen zwischen einander funktionieren können und dafür ist es wichtig, dass wir uns gegenseitig Grenzen aufzeigen.

Als wir Amos den Welpen zu uns holten, musste er auch noch eine ganze Menge lernen. Er hatte diese Angewohnheit, dass er nach mir schnappte. Das tat nicht wirklich weh, denn seine Zähne waren noch nicht allzu spitz, aber dennoch war es unangenehm. Ich ließ es anfangs noch durchgehen, aber irgendwann hatte ich blutige Hände und Beine und das konnte ich so nicht dulden. Jedes Mal, wenn er weiter nach mir schnappte, folgten Konsequenzen. Ich ließ ihn damit wissen, dass es nicht okay war, was er da machte, denn er tat mir weh und verletzte mich. So süß wie er auch war und so sehr ich auch glaubte, dass keine böse Absicht von ihm dahintersteckte, durfte er mich trotzdem nicht Zwicken und das musste er lernen, indem ich ganz klare Grenzen zog. Er lernte schnell, dass wenn er mit mir Zeit verbringen wollte, Regeln einhalten musste. Der Hund war clever, aber genauso gerne testete er seine Grenzen bei mir auch oft genug und immer wieder aufs Neue aus und nichts anderes ist es zwischen uns Menschen. Ich ganz allein entscheide, wie ich behandelt werden möchte. Wenn ich mich anschreien, schlagen, erniedrigen oder beleidigen lasse, dann nur, weil ich es zulasse. Auch wir Menschen testen gerne aus, wie weit wir gehen können und wenn uns unser Gegenüber keine Grenzen aufzeigt, dann haben wir doch auch meist keinen

Grund aufzuhören, oder? Das heißt, wir müssen unsere Mitmenschen manchmal daran erinnern, dass sie eine Grenze bei uns überschritten haben und wenn sie diese nicht akzeptieren wollen, was ja durchaus vorkommt, dann müssen wir gehen. Und jemandem den Rücken zuzukehren ist nicht immer leicht.

Ich hielt es auf meinen Reisen für eine schlaue Idee, Couchsurfing auszuprobieren. Du meldest dich auf einer Plattform an, erstellst ein Profil, suchst dir einen Ort raus, an den du gerne hinreisen möchtest und dann trittst du mit jemandem in Kontakt, der dich kostenlos bei sich auf seinem Sofa schlafen lässt. Der Typ, zu dem ich damals ging und meine erste Erfahrung machte, war Theo. Theo war ein netter, aufgeschlossener junger Mann, der es aber ein bisschen zu gut mit mir meinte. Er bekochte mich, unterhielt sich ununterbrochen mit mir und verplante jeden einzelnen Tag, den ich vorhatte, bei ihm zu sein. Nun war es so, dass ich es einerseits toll fand, dass er sich so sehr um mich kümmerte, aber andererseits wollte ich das gar nicht. Ich fühlte mich eingeengt von ihm, da er mir überhaupt keinen Freiraum für eigene Entscheidungen ließ und als ich ihm freundlich versuchte zu sagen, dass ich andere Pläne hatte als er sie sich vorgestellt hatte, war er beleidigt. Er wollte mir ein schlechtes Gewissen machen, war scheinbar gekränkt und redete nicht mehr mit mir, da er wohl dachte, er müsse mich mit seiner Ignoranz bestrafen. Ich fühlte mich sowas von unwohl und hatte den Entschluss gefasst, dass ich mir eine andere Bleibe suche, aber zugleich wollte ich ihn damit auch nicht noch mehr kränken. Ich lag also in dieser einen Nacht sehr lange wach und überlegte, was ich bloß machen sollte. Ich wollte seine sensiblen Gefühle nicht noch mehr strapazieren, aber ich wollte auch keinen Tag länger bei ihm bleiben. Ich wusste, dass ich mich für mich entscheiden musste, so schwer es mir auch fiel. Ich teilte ihm also mit, dass ich ihn verlasse und zog weiter.

Den richtigen Moment zu gehen oder auch jemanden loszulassen, den gibt es nicht. Es gab in meinem Leben einige wenige Menschen, die hätten nichts anderes verdient gehabt, als dass ich nie wieder ein Wort mit ihnen spreche und trotzdem fürchtete ich mich oft genug davor, sie loszulassen und aus meinem Leben zu verbannen. Vielleicht, weil ich ihnen eine weitere Chance geben wollte, mir zu beweisen, dass sie doch einen Platz in meinem Leben verdient hatten oder vielleicht auch bloß, weil ich mit ihnen viele schöne und unvergessliche Erinnerungen teilte. Es gibt diverse Gründe dafür, warum wir so nachsichtig mit dem Verhalten anderer uns gegenüber sind, was wir eigentlich überhaupt nicht tolerieren müssten. Wir haben Angst davor, uns von gemochten Menschen zu trennen und Beziehungen zu beenden, weil es ja auch mal einen Anlass dafür gegeben hat, wieso wir denjenigen in unser Leben hineingelassen haben. Entweder, weil wir uns in die Person verliebt haben, sie uns durch eine schwierige Zeit durchgeholfen hat oder wir einen guten Freund in ihr gesehen haben. Je älter ich werde, desto mehr wird deutlich für mich, dass Menschen kommen und gehen und nicht jeder, dem wir begegnen, dazu bestimmt ist, auch für immer zu bleiben. Wem fällt Abschiednehmen schon leicht, selbst wenn es gute Gründe dafür geben mag? Es ist manchmal unvermeidbar, dass wir mit jemand anderem getrennte Wege gehen und auch hier habe ich angefangen, das Positive daran zu sehen.

Vor nicht allzu langer Zeit musste ich einen guten Freund loslassen. Wir verbrachten wunderschöne abenteuerliche Jahre zusammen und hätte man mir damals gesagt, dass wir irgendwann an den Punkt kommen, an dem ich unsere gesamte Freundschaft infrage stelle, hätte ich das unmöglich geglaubt. Ausgelöst durch ein gebrochenes Herz, rutschte dieser Freund in ein für ihn tiefes schwarzes Loch und ich schaffte es nicht, ihn da rauszuholen. Zwar bat er um Hilfe, aber dennoch hatte ich zu oft das Gefühl, dass er gar nicht gerettet werden wollte und mir keine Chance gab, ihm zu helfen. Er erdrückte mich so sehr mit seinen negativen Gedanken, dass diese Situation für mich nicht mehr tragbar war. Er machte sein Wohlbefinden davon abhängig, ob ich für ihn da sein konnte und diese Verantwortung wollte ich irgendwann nicht mehr haben. Ich hörte ihm zu, gab ihm Hilfestellungen und vor allem gab ich ihm Zeit zu heilen, aber es wurde nicht besser. Ich hatte den Eindruck, dass er nicht bloß meine Anteilnahme, sondern vielmehr mein Mitleid wollte und das konnte ich ihm nicht geben. Was ist Mitleid? Du leidest mit jemandem mit und gleichzeitig traust du demjenigen nicht zu, dass er alleine aus seiner Situation wieder herauskommt. Und möchtest du wirklich jemandem das Gefühl vermitteln, dass er selbst zu schwach ist, um sich helfen zu können? Allerdings wollen manche Menschen auch absichtlich bemitleidet werden, weil sie in erster Linie Aufmerksamkeit brauchen. Und diese Leute bekommen mein Mitleid nicht, denn mit dieser Einstellung übernehmen sie keinerlei Verantwortung für ihr eigenes Leben. Sie ziehen sich stattdessen lieber den Würstchenhut auf. Mein Kumpel hatte da also eine Erwartungshaltung an mich, die ich nicht erfüllen wollte und so musste ich schweren Herzens einen Schlussstrich ziehen, mir selbst zuliebe. Ich sah mich gezwungen, den Kontakt abzubrechen, damit ich selber wieder richtig durchatmen konnte. Was mir sehr dabei geholfen hat, war der Gedanke, dass wir nicht zwingend für immer getrennte Wege einschlagen müssen, sondern vielleicht nur zeitweise. Ich musste ihn für den damaligen Moment loslassen, was nicht hieß, dass wir nicht eines Tages auch wieder zusammenfinden konnten. Und diese Denkweise erleichtert mir zukünftig solche Entscheidungen. Wenn ich fortan nochmal gehen oder jemanden loslassen muss, dann lasse ich ihn für jetzt los und es besteht die Möglichkeit, dass wir uns irgendwann wiedertreffen. Jemand passt jetzt gerade nicht mehr in mein Leben und sich das eingestehen zu können, das ist völlig okay und davor musst du nicht zurückschrecken. Alles, was dir gehört und für dich bestimmt ist, wird zu dir zurückfinden. Es gibt Menschen, die wir mögen oder sogar lieben, aber manchmal bringen sie großes Chaos in unser Leben und tun uns einfach nicht gut. Wenn sie das nicht einsehen oder auch nicht ändern wollen, dann können wir sie trotzdem weiter lieben, aber dennoch gehen wir mit ihnen getrennte Wege. Vielleicht ist ihr Verhalten für andere in Ordnung, aber dein innerer Frieden und deine geistige Gesundheit haben Vorrang und das solltest du niemals vergessen. Vielleicht hilft es dir auch, es nicht loslassen, sondern freilassen zu nennen. Ich lasse eine Situation oder einen Menschen frei, um einen Teil meiner eigenen Freiheit wiederzubekommen.

Jeder von uns springt auf seinem eigenen bildlichen Trampolin und jeder springt dabei unterschiedlich hoch. Wenn du dich permanent darauf konzentrierst, wie hoch dein Nachbar springt, dann verlierst du früher oder später dein Gleichgewicht, denn du hast keinen klaren Fokus mehr. Es erfordert Mut und Tapferkeit, für seine eigenen Saltos zu üben, ohne sich dabei von anderen ablenken zu lassen. Es ist dein gutes Recht, zuzugeben, dass du dir für andere mal keine Zeit nehmen willst, insbesondere dann, wenn dir deine eigene Orientierung gerade (noch) fehlt. Das Beste für sich zu tun ist in Augen anderer nicht zwingend das Richtige, aber das darf dir egal sein. Es muss nicht jeder Verständnis dafür haben, dass du an dir selbst arbeitest, aber darauf bist du auch gar nicht angewiesen und keinesfalls musst du dich für deine Entscheidungen rechtfertigen. Wichtig dabei ist nur, dass du dein WHY kennst. Damit meine ich, dass du stets wissen solltest, warum du etwas machen willst oder auch nicht machen willst. Vergiss nicht, wieso du mit einer Sache angefangen oder auch aufgehört hast. Führe dir vor Augen, weswegen du einen bestimmten Menschen in dein Leben gelassen oder auch rausgeworfen hast. So lange du weißt, warum du etwas willst und danach lebst, steht dir nichts im Weg. Gehe davon aus, dass du verdientermaßen auf dieser Welt bist und ganz allein entscheidest, was du daraus machst und, ob du deine Träume lebst oder nicht. Mach dich nicht kleiner als du bist, sondern sei doch mal größer als du denkst und lasse dich davon nicht abbringen.

Es kommt vor, dass wir Beziehungen oder lediglich auch nur Begegnungen mit anderen Menschen haben und diese Personen gern anders hätten. Sei es, dass du an jemandem vorbeiläufst, der dich nicht zurück grüßt, eine Freundin, die sich rein gar nicht so verhält, wie du es gernhättest oder jemand, den du gerade erst kennenlernst und sich als ganz anders entpuppt, wie du ihn dir vorgestellt hast. Oft neigen wir dann dazu, dass wir diese Personen zumindest in der Situation lieber anders haben wollen. Aber was ist mit der Überlegung, dass jeder einzelne Mensch mir vielleicht auch genau so begegnet, wie ich ihn gerade am meisten brauche? Vielleicht sind sie genau perfekt für dich wie sie sich verhalten und verhelfen dir damit am besten zu deiner Entwicklung, denn alles was in deinem Leben passiert, passiert für dich. Denk mal darüber nach.

Die ersten Wochen damals mit Nate waren sicher nicht einfach für mich. Dieser Typ tickte komplett anders als ich und doch war es im Nachhinein betrachtet, exakt die Begegnung, die ich brauchte, um mit mir selbst weiterzukommen. Was uns wohl am meisten unterschied, war die Eigenschaft, dass ich mir so gut wie alles zerdachte und er hingegen ganz unbeeindruckt von meinen vielen Gedanken war, die ich mir zu allem machte, was wir taten. Ich bekam oft die Frage von ihm gestellt, warum ich denn immer alles so kompliziert machen wollte und so sehr mir diese Kritik missfiel, so war sie doch völlig berechtigt. Ich wollte am liebsten jemanden haben, der mit mir grübelte und mich verstehen wollte, aber Nate tat mir einen viel größeren Gefallen damit, indem er genau das nicht machte. Er lehrte mich vieles, aber am meisten, dass ich von jedem anderen Menschen etwas lernen kann, am meisten über mich selbst.

Kapitel 10

Manchmal sehen Blätter aus wie tote Mäuse

Es wäre wahrscheinlich nicht angemessen, zu sagen, dass ich stolze Deutsche bin, aber das ist gar nicht schlimm, dann bin ich eben eine stolze Kanadierin. Viele, die mich kennen, behaupten zurecht, dass nach Kanada zu gehen, eine Flucht für mich ist. Sie denken, ich wüsste nicht, dass es dort drüben auch irgendwann einen Alltag gibt, der die vielen schönen Facetten dieses Landes beiseiteschiebt. Das mag sein, aber jemandem meine Gedanken dazu versuchen zu erklären, das ist wohl beinahe unmöglich. Manchmal glaube ich, die Menschen verstehen nicht, was ich erzähle, wenn ich von Kanada spreche, weil sie es selbst nicht miterlebt haben. So, wie es Leute gibt, die sich im falschen Körper geboren fühlen, so gehöre ich nicht nach Deutschland, sondern nach Kanada. Für mich ist Kanada mein Zuhause und wenn ich daran denke, dann bekomme ich kein Fernweh, sondern es ist Heimweh. Wie konnte mir das passieren? Es war nie mein Plan, aus meiner Heimat wegzuziehen und mir ganz allein ein Leben, 8.000 Kilometer entfernt, auf einem anderen Kontinent aufzubauen.

Es kam eine Zeit während meiner Reise, in der ich anfing, zu rekapitulieren. Aber die eigentliche Rekapitulation begann erst, als ich wieder in Deutschland war.

Ich setzte mich damit auseinander, was mich zu dem Menschen macht, der ich bin. Wenn man gefragt wird, ob man sich selber mag, dann antworten die wenigsten darauf mit einem aus der Pistole geschossenen Ja. Warum ist das so? Naja, wir sind alle irgendwie ein Produkt unserer Gesellschaft und kennen es nicht, stehen zu bleiben, zufrieden mit dem zu sein, was wir haben und wer wir sind. Wir könnten immer ein noch besserer Freund oder Partner sein oder noch mehr Geld verdienen und schöner aussehen und dieses teils schon hyperkritische Mindset treibt zumindest mich, in den Wahnsinn. Wir sind alle ein Unikat und doch vergleichen wir uns ununterbrochen mit anderen, wollen so sein oder aussehen, wie jemand anderes und dabei vergessen wir häufig, dass wir doch auch schon jemand sind. Warum will ich also nicht sein, wie oder vor allem wer ich bin? Was mir dabei enorm geholfen hat, dem Ganzen näherzukommen, war die Überlegung, dass jeder von uns zwar auf dieser Welt ist, aber, dass jeder einzelne auch einen anderen Grund hat, hier zu sein. Was ist meine Bestimmung und möglicherweise habe ich eine andere Aufgabe während meiner Zeit auf der Erde zu erfüllen, als mein Bruder oder mein Nachbar oder der Typ, der mir versucht, eine Versicherung anzudrehen. Wir können unmöglich alle so aussehen, wie Models in Paris oder alle so schlau sein, wie es Albert Einstein war und das ist nicht schlimm, denn so erhalten wir unsere Vielfalt und die macht uns zu Individuen. Wir sollten Diversität anerkennen, insbesondere, wenn es um unser eigenes Leben und Wohlbefinden geht.

Wahrnehmung steuert, wie wir uns und den Rest der Welt sehen und erleben. Interozeption beispielsweise macht uns unseren Herzschlag bewusst, lässt uns Schmerzen spüren und signalisiert, wenn wir Hunger haben. Ich spreche aber vielmehr von der Art der Wahrnehmung, die uns häufig in die Irre führt. Stell dir vor, du bist unzufrieden mit deinem Körper und findest dich zu dick. Wenn du nun in einen Raum gehst, der voller dünner athletischer Menschen ist, dann wird deine Wahrnehmung dich darin bestärken, dass du dicker bist als andere. Du kannst aber auch in einen Raum gehen, in dem Bewerber für die nächste Staffel von „The Biggest Loser“ sitzen und du wirst dich plötzlich dünn fühlen. Es ist immer nur eine Frage der Sichtweise und die kann sich rapide verändern.

Denken wir mal daran zurück, als wir noch klein waren. Jeder von uns hat es als Kind gehasst, wenn Bettzeit war, weil man noch nicht schlafen gehen wollte. Man hat es herausgezögert, das Licht auszumachen, sich ins Bett zu legen und die Augen zu schließen. Schlafen war für uns im Kindesalter wenig attraktiv, man wollte lieber noch Fernsehgucken oder mit seinen Geschwistern oder Freunden spielen und etwas erleben. Bin ich die Einzige, die mittlerweile erwachsen geworden ist und so gut wie jeden darum beneidet, wenn er früh ins Bett geht? Es gibt nichts Geileres als Schlafen und gefühlt nach dem Aufstehen sehnt man sich schon danach, abends wieder in sein gemütliches Bett zu fallen. Auch hierbei geht es einzig und allein um die Wahrnehmung.

Jemand sagte mal, dass jede Krise nur eine Wahrnehmungskrise ist und das ist wahr. Jede Situation, in der wir uns befinden, betrachten wir subjektiv und vor allem durch unsere eigenen Augen. Man sieht folglich die Dinge auch nur so, wie man sie sehen will. Sich bewusst zu machen, dass man selbst entscheidet, wie man auf die Welt blickt, das hat mir eine Menge Mut gemacht. Ich kann mir aussuchen, ob und wie ich die Momente in meinem Leben bewerten will, die ich beobachte und das gibt mir Kraft, was nicht heißt, dass es immer einfach wäre. Als ich mich damals von meinem kleinen Welpen verabschieden musste, damit ich meine Reise fortsetzen konnte, spielten meine Sinne mir einen Streich. Ich war schon längst von der Farm runter und doch schreckte ich die ersten Nächte auf, weil ich dachte, Amos gehört zu haben. Ich realisierte im Dunkeln anfangs überhaupt nicht, dass er gar nicht mehr bei mir war, denn ich empfand es immer noch so, als ob er angeschmiegt neben mir liegen würde. Ich brauchte eine Weile, um zu verarbeiten, dass ich mir sein Gebell nur einbildete. Wenn ich draußen spazieren ging, schaute ich mich intuitiv um, weil ich ihn ausfindig machen wollte und jedes Mal aufs Neue hatte ich diesen stechenden Schmerz in meiner Brust, der mir symbolisierte, wie weh es tat, ihn nicht mehr bei mir zu haben. So sehr es auch schmerzte, immer und immer wieder diese Momente zu durchleben, so war dieser Stich in meiner Brust, was ihn mir wieder präsent machte. Ich fühlte mich ihm näher und deswegen wollte ich auch nicht, dass es aufhört. Ich musste mich irgendwann zusammenreißen und einsehen, dass es nichts bringt. Dass es mir nichts bringt und, dass ich zu akzeptieren habe, dass er nicht mehr bei mir ist. Akzeptanz ist ein unglaublich großes Wort und alles weitere dazu, hebe ich mir für später auf.

Jeder von uns sammelt unterschiedliche Erfahrungen, was mitunter ein Grund dafür ist, wie verschieden wir wahrnehmen. Ich könnte dir jetzt ein Stück von Mozart auf dem Klavier vorspielen, das mich zu Tränen rührt, wohingegen du dir vielleicht wünschst, dass ich augenblicklich damit aufhöre. Auch das ist Vielfalt. Jeder von uns hat eigene Präferenzen und seinen ganz eigenen Geschmack und je nach Erfahrungswert ändern wir unsere Meinungen auch. So drehte ich in den ersten Wochen meines Kanadaaufenthaltes das Radio auf und war zutiefst genervt von dieser Cowboymusik. Jeden Tag fuhren diese dicken, protzigen Trucks mit ihrem ohrenbetäubenden Motor an mir vorbei, was ich einst als überaus lästig empfand. Wenn ich heute einen Countrysong anmache oder mir ein Pickup auf der Straße entgegenkommt, dann zaubert mir das, im Gegensatz zu damals, ein riesiges Lächeln ins Gesicht, denn sie erinnern mich an meine eindrucksvolle und unvergessliche Zeit da drüben. Es ist das einzig Greifbare für mich, was ich mit Kanada verbinde, an dem ich festhalten kann. Die Cowboys haben ja nicht alle plötzlich eine bessere Stimme bekommen oder die Pickups sehen auf einmal nicht alle schöner aus, aber meine Wahrnehmung ist eine andere und genau das gilt für uns alle.

Teilst du mit mir die Wahrnehmung, dass du dich ab und zu von unserer heutigen Gesellschaft vergiftet fühlst? Ich wollte mich selbst so lange nicht ernsthaft kennenlernen und das verdanke ich unter anderem dem Konstrukt aus Normen, Werten und Idealen, in dem wir alle leben und an dem wir festgewachsen sind. Ich hätte bis heute eine endlose Strichliste darüber führen können, wie häufig ich schon den Eindruck hatte, dass etwas mit mir nicht stimmt oder falsch ist. Dass ich nicht normal bin und das setzt insbesondere einen jungen Menschen, der seinen Platz noch nicht gefunden hat, extrem unter Druck. Meine Generation war daran maßgeblich beteiligt, Social-Media-Plattformen zu schaffen, in denen vermeintlich perfekte Menschen ein Vorbild für viele von uns darstellen sollen und das hat einen verheerenden Impakt, der nicht mehr rückgängig zu machen ist. Man strebt Ideale an, die unmöglich zu erreichen sind und wenn man daran nicht partizipiert, gilt man als ausgestoßen. Mein drei Jahre jüngeres Ich hat sich bekloppt gemacht, wenn es sich nicht so gut schminken konnte, wie die hübschen Mädchen auf Instagram und das hat mich eine Zeit sehr dolle verunsichert und mich denken lassen, dass ich an mir selbst zweifeln müsste. Wir wissen alle, dass vieles von dem geteilten und veröffentlichten Content nicht echt ist und anders dargestellt wird, als es in Wahrheit ist und doch lassen wir uns weiter blenden. Wie oft habe ich ein Foto von mir mit einem lachenden Gesicht gepostet, obwohl ich in dem Moment vor meinem Handy saß und geweint habe? Wieso kann ich nicht immer dazu stehen, wie ich mich wirklich fühle? Weshalb verstecken wir Gefühle wie Trauer und überspielen es mit einem Lächeln? Es ist vielen von uns scheinbar so wichtig, den Eindruck vor anderen wahren zu wollen, dass alles in Ordnung ist. Nach außen muss man sich stark geben, aber ist es denn nicht auch Stärke, zuzugeben, dass wir uns mal nicht gut fühlen? Anzuerkennen, dass man auch schlechte Tage hat, finde ich persönlich ganz wichtig, weil sonst belügen wir uns selbst. Wir werden ja nicht gleich erschossen, wenn wir zugeben, dass nicht alles gut ist. Und ich finde das Schauspielern weitaus anstrengender, als ehrlich zuzugeben, wie es mir gerade geht. Es herrschen in dieser Angelegenheit sicherlich unverkennbare Vorurteile. Ist eine Frau schlecht gelaunt oder sentimental, gilt sie als zickig und ihre Launen sind darauf zurückzuführen, dass sie ihre Periode hat. Männer sind Weicheier, wenn sie weinen und ihnen wird die Männlichkeit abgesprochen. Leute, wir sind alle Menschen und werden jeden einzelnen verdammten Tag von unseren Emotionen begleitet und es ist nur menschlich, diese zu zeigen. Jeder von uns hat seinen eigenen bildlichen persönlichen Scheißhaufen und keiner muss so tun, als ob dieser nicht stinkt. Es ist nicht immer alles Friedefreudeeierkuchen. Frauen dürfen auch weinen, obwohl sie nicht ihre Tage haben und Männer genauso, auch, wenn es immer hieß, dass ein Indianer keinen Schmerz kennt. Unsere Gefühle sind ein großer Teil von uns und wenn ich auf Menschen treffe, die offen und ehrlich kommunizieren können, wie es ihnen geht, macht sie das sympathisch für mich. Es gibt mir Sicherheit und Zuspruch, mitzubekommen, dass auch andere fühlen, wie ich es tue. Es beruhigt mich, mitzuerleben, dass Menschen um mich herum auch manchmal einfach nicht so können, wie sie eigentlich gerne wollen. Dadurch fühlen wir uns verbunden und vor allem fühlen wir uns in dieser Welt nicht allein. Widerstand macht müde und sich permanent dagegen zu wehren, seine echten Emotionen rauszulassen, das ist das, was uns wirklich schwach macht. Dadurch können Zivilisationserkrankungen wie Burnouts entstehen.

Schwarz ist nur schwarz, weil es weiß gibt. Ohne die schlechten Tage, würden wir gar nicht wissen, wie sich die Guten anfühlen. Hätten wir keinen Sommer, gäbe es keinen Winter. Gäbe es keine dicken Menschen, würde es auch keine Dünnen geben. Würde keiner von uns am Tod sterben, wäre das Leben weitaus wertloser. Hätten wir diese Gegensätze nicht, würde uns sicherlich etwas fehlen. Manchmal brauchen wir den Regen, der uns daran erinnert, wie sehr wir die Sonne mögen. Wir könnten sonst nicht wertschätzen, wie kostbar die schönen Momente sind, ohne nicht auch das andere Extrem zu kennen. Es ist und bleibt eine Frage der Wahrnehmung.

Nachdem ich aus Kanada zurück war, hatte ich zahlreiche Momente der Verwirrung. Der Mensch ist ein Gewohnheitstier wie es so schön heißt und ich musste mich erst einmal wieder völlig umstellen und einleben. So flog ich bei meiner Heimreise aus dem tiefsten Winter mit meiner dicken Jacke bei -40 Grad aus Calgary los und kam wenige Stunden später völlig verschwitzt mit einem Temperaturunterschied von fast 60 Grad Zuhause an. Ich hatte seit Monaten nichts anderes als weißen Schnee gesehen und erfreute mich über die grünen Graslandschaften, die mich daheim erwarteten und ein bisschen Abwechslung boten. Es war so ungewohnt, wieder herumzulaufen und sich frei bewegen zu können, ohne dabei die Sorge haben zu müssen, sich wegen des Glatteises auf die Fresse zu legen. Es ist ein Ritual von mir, jeden Abend vor dem Schlafengehen einen Spaziergang zu machen und das muss anfangs für jeden, der mich dabei beobachtet hat, ziemlich belustigend gewesen sein. Bei jedem heruntergefallenen Blatt, an dem ich vorbeilief, sprang ich zur Seite, weil ich nicht auf eine Maus treten wollte. Während meiner Zeit auf der Farm trat ich versehentlich auf so viele tote eingefrorene Mäuse, die überall auf dem Grundstück lagen und ich hatte noch immer nicht realisiert, dass ich nun wieder woanders war, wo man solche Situationen eher selten antreffen würde. So hätten für mich im Dunkeln die Blätter auch tote Mäuse sein können. Alles war plötzlich wieder so klein, die Autos waren leise und ich vernahm, dass die Menschen weitaus gestresster waren, als meine kanadischen Freunde. Ich wollte wieder weg und vor allem wollte ich diese Stille wiederhaben, von der hier scheinbar noch niemand etwas gehört hatte.

Dafür, dass Kanada flächenmäßig das zweitgrößte Land ist, wissen wir ziemlich wenig darüber. Wovon ich allen erzählte, war die endlose Weite und damit verbundene Stille. Obwohl Deutschland fast 28 Mal in Kanada reinpassen würde, hat Kanada nur halb so viele Einwohner wie unser Land. Dementsprechend kannst du manchmal stundenlang unterwegs sein, ohne dabei einer Menschenseele zu begegnen. Der Grat zwischen Isolation und räumlicher Autonomie ist dabei sehr schmal und doch hatte es durchweg etwas Gutes: Du hast deine Ruhe. Es dauerte bei mir, bis ich diese Art von unbezahlbarer und exquisiter Stille zu schätzen wusste. Du machst beim Wandern in den Rocky Mountains eine Verschnaufpause oder chillst auf Nates Veranda, lediglich umgeben von Bäumen und Himmel und es ist totenstill. Man hört keine anderen Stimmen, keinen Verkehr, nichts. Das langweilte mich zuerst, doch diese Stille hatte es in sich. Ich hatte das Gefühl, dass ich das erste Mal in meinem Leben richtig entspannen und zur Ruhe kommen konnte. Mein Körper und mein Geist konnten entschleunigen und dadurch Kraft sammeln. Ich fühlte mich wie eine Maschine, die jahrelang ununterbrochen gearbeitet hat und überhitzt war. Ich konnte nun abkühlen, versuchte, über nichts nachzudenken und es gelang mir ein Stück weit, weil ich auch nicht wirklich irgendwelchen Einflüssen und ablenkenden Reizen ausgesetzt war. Während ich diese Geräuschlosigkeit genoss, schloss ich meistens meine Augen und achtete dabei ganz bewusst auf meine Atmung. Ich schöpfte jede Sekunde aus, atmete ein und wieder aus und mehr wollte ich überhaupt nicht. Ich erkannte, dass diese Stille so enorm wichtig für mich war und ich wollte sie nicht mehr hergeben. Mir fiel auf, dass mich ab einem gewissen Punkt immer dieselben Gedanken aufsuchten und ihren Platz einnehmen wollten. Diese wiederkehrenden Themen veranlassten, dass ich mich fragte, wieso ich eigentlich da bin. Was ist mein Sinn des Lebens? Gibt es überhaupt einen Sinn und wenn ja, wofür ist es wichtig, ihn zu kennen? Haben Menschen, die jeden Tag stundenlang vor der Glotze hängen statt zu meditieren, wie ich es tat, einen anderen Sinn, außer, dass sie sich offensichtlich ablenken wollen? Im Nachhinein betrachtet, verschwendete ich tagtäglich auch mit so vielem Zeit, was mich offenbar davon abhielt, diese pure Stille zu erfahren. Klar, es gibt auch reichlich Menschen, die sagen, Fernsehgucken oder am Handy daddeln würde sie entspannen und zur Ruhe kommen lassen, aber wir sprechen hier keineswegs von derselben Sache. Es ist ein gewaltiger Unterschied, ob du durch Stille zur Ruhe kommst oder eben auf anderen Wegen. Ich könnte auch Musik hören, um abzuschalten, aber probiere mal, all diese Einwirkungen wegzulassen und glaube mir, dir wird nichts fehlen.

In Kanada lernte ich erstaunlicherweise viel über meine eigene Kultur. Die wussten da drüben teilweise mehr über Deutsche, als ich. Andersherum blieb es natürlich nicht aus, dass ich mir eine Menge über das Kanadiersein einprägte. Mir kommt als Erstes in den Kopf, wie meine Gasteltern mich am ersten Morgen, den ich in ihrem Land verbrachte, fragten, ob ich wüsste, wie ich mich denn verhalte, wenn ich einem Bären begegne. Sie zeigten mir daraufhin ein Video im Internet, das dich im Kinderliedformat auf eine Bärenbegegnung vorbereitet. „Is the bear brown lay down. Is the bear black fight back“ und dieser Satz wird mir wohl nie wieder aus dem Gedächtnis gehen. Was ich aber mit Abstand am einprägsamsten und beachtlichsten fand, war ihre Einstellung zum Leben. Abgesehen davon, dass ich dort die wärmsten und herzlichsten Menschen kennengelernt habe, hatten sie alle etwas noch viel faszinierendes gemeinsam: Sie waren glücklich.

Kapitel 11

Canadian, eh?

Ich konnte lange Zeit nicht eindeutig benennen, was die kanadische Mentalität denn so unverwechselbar macht. Heute weiß ich, dass es das Glücklichsein ist. Was genau bedeutet es denn, glücklich zu sein? Wann bist du glücklich? Und was hindert dich an deinem Glück? Fälschlicherweise machen wir unser Glück häufig von Umständen abhängig, indem wir es an Bedingungen knüpfen. Wir sind der Annahme, dass wir erst glücklich sein können, wenn uns bestimmte Dinge passieren oder wir etwas erreicht oder geschafft haben und das ist der komplett falsche Ansatz. Was ist denn mit der Überlegung, dass es gar keine Gründe braucht, um glücklich zu sein?

In Kanada lebte ich wochenlang mit einer Familie zusammen, die mir zeigte, was es bedeutet, bedingungslos glücklich zu sein. Sie hatten eine kleine Farm und lebten sehr bescheiden. Manchmal gab es nur Toast zum Abendessen, weil das Geld für mehr nicht reichte, aber jeder war dankbar für das, was er hatte. Wir arbeiteten den ganzen Tag, verbrachten die Zeit immer allesamt zusammen, schauten abends Filme oder spielten Spiele. Diese Menschen hatten fast nichts und doch erinnere ich mich, dass ich dort mitunter die glücklichste Zeit meines Lebens hatte. Sie waren so unglaublich positiv, ließen sich durch nichts unterkriegen, hatten Spaß an allem, was sie taten und das war ansteckend. Sie ließen jede Situation die sein, die sie war und sie akzeptierten und wenn mich heute jemand fragt, was der Schlüssel zum Glück ist, dann würde ich es genau bei dieser trivialen Aussage belassen: Akzeptieren, was ist.

Im Umkehrschluss ist Unglücklichsein die Diskrepanz zwischen dem, was ist und wie ich die Situation gerne hätte. Hinzu kommt unser lieber Verstand, der uns häufig unser Glück vorenthalten will und ich erzähle dir, warum.

Der Verstand ist nicht angeboren, sondern ein Instrument, das wir uns beim Älterwerden aneignen. Er macht uns unsere Umwelt bewusst, will sie verstehen und beurteilen. Kleine Kinder, bei denen der Verstand noch nicht ausgebildet ist, verhalten sich im Gegensatz zu Erwachsenen in bestimmten Situationen ganz anders. Sie sind beispielsweise furchtlos, weil sie noch keine Angst kennen. Angst ist gelernt und so weiß ein kleines Kind nicht, dass es den bellenden Nachbarshund nicht anfassen darf, weil er beißt. Den jungen Menschen wird erst noch beigebracht, was harmlos und was gefährlich ist. Deswegen lacht unser Nachwuchs auch so viel, denn er besitzt die geistigen Fähigkeiten noch nicht, nachzudenken oder sich zu sorgen. Babys wissen nichts und können noch nicht beurteilen. Das ist der unstreitige Beweis dafür, dass der Verstand maßgeblich darüber entscheidet, wie wir unsere Welt sehen. Das Gute daran ist, dass wir selbst entscheiden können, wann wir auf ihn hören und wann nicht. Unser Verstand will alles verstehen und sich logisch erklären und damit ist er begrenzt und das ist wichtig zu wissen. Es ist gar nicht das Ziel des Verstands, uns glücklich zu machen und das kann er auch gar nicht. Er ist dazu da, um vorrangig unser Überleben zu sichern.

Wir alle neigen dazu, immer hinter allem den Sinn sehen und vor allem verstehen zu wollen. Das führt dazu, dass wir uns oftmals die falschen Fragen stellen. Mir wurde dieses Jahr mein Handy geklaut und das Erste, was mir einfiel, war, mich zu fragen, wer mir mein Handy gestohlen hat und warum. Habe ich darauf jemals eine Antwort bekommen? Nein. Hat mich das glücklicher gemacht? Nein. Ich musste es hinnehmen, wie es ist und nichts anderes blieb mir übrig. Vor einer Weile wurde bei mir festgestellt, dass ich eine Brille brauche. Ich wehrte mich so sehr dagegen und fragte mich auch hier, wie es denn überhaupt sein kann, dass ich in meinem Alter schon an Sehstärke verliere. Auch hier habe ich weder eine Antwort gekriegt, noch hat es mich glücklicher gemacht, überhaupt erst diese Frage zu stellen. Ich musste wieder akzeptieren und im Übrigen mag ich meine Brille mittlerweile und kann sie mir gar nicht mehr wegdenken. Der Verstand will uns also gar nicht immer auf die richtige Weise helfen und wirft uns stattdessen sogar zurück. Er hat nicht immer für alles eine Erklärung und doch will er uns weiß machen, dass wir ihn brauchen. Es könnte auch passieren, dass ich heute Nacht aufwache und mein Haus brennt und schon wieder wird sich mein Verstand einmischen. Zuerst wird er mich dazu drängen, das brennende Haus schnellstmöglich zu verlassen, um zu überleben und das ist gut so für den betreffenden Moment. Aber anschließend wird er sich wieder fragen, wie es zu dem Brand kommen konnte. Ist das denn relevant? An dieser Stelle wird es mich alles andere als glücklich machen, wenn ich meinen Verstand die nächsten drei Jahre analysieren lasse, wie es zu dem Brand kommen konnte. Vielmehr geht es hierbei darum, die unabänderliche Situation zu akzeptieren und nach vorne zu schauen, also lösungssuchend zu funktionieren. Merkst du, dass der Verstand zwar das Richtige (im Sinne von überlebenssichernd) für uns will, was aber nicht zwangsläufig auch das uns Glücklichmachende bedeutet. Wir sollten ihn von daher als eine Fernbedienung ansehen, die man zwar bedienen kann, aber auf der nicht Knöpfe für jedes Fernsehprogramm sind und demnach kann er uns nicht jede Serie einschalten, die wir gerne gucken wollen. Er wählt den Glückskanal nicht automatisch, sondern wir müssen ihm erst den Impuls dafür geben.

Ich kollidierte stark mit meinem Verstand, als ich etwas über das Giving Forward lernte. In Kanada leben die meisten Menschen nach einem Prinzip, das ich super cool finde. Leute tun sich gegenseitig etwas Gutes, ohne dabei etwas zurück zu verlangen und das war mir sehr suspekt. So ging ich zu Tim Hortons, um mir meinen Kakao zu holen und es kam vor, dass bereits jemand für mich bezahlt hatte. Einfach so und das konnte oder wollte ich viel eher einfach nicht glauben. Warum sollte das ein Fremder für mich tun? Ich war skeptisch und wollte den Kakao nicht annehmen, denn ich hatte wilde Gedanken, wie, dass jemand was in mein Getränk getan hatte. Warum sonst sollte mir jemand, den ich gar nicht kenne, etwas schenken? Anstatt mich darüber zu freuen, wollte mir mein Verstand das wieder ausreden. So war ich einmal am Flughafen und flog von Edmonton nach Anchorage, Alaska und ich hatte scheinbar vergessen, meinen Koffer zu bezahlen, als ich meinen Flug im Vorhinein online buchte. Der Typ an dem Schalter wies mich darauf hin und ich war schon dabei, mein Portemonnaie aus der Tasche zu holen, da winkte er mich einfach durch. Ich schaute ihn fragend an und er sagte mit einem Augenzwinkern zu mir, dass er heute einen guten Tag hat und er meine beiden Koffer nicht gesehen hätte. Du glaubst gar nicht, wie stutzig mich das gemacht hat. Daheim verhandele ich mit dem Flughafenpersonal über jedes Gramm Übergewicht, das ich bezahlen muss und nun erlässt mir jemand einen Haufen Geld, bloß, weil er gute Laune hat? Ich fand das so genial, dass ich mir fest vornahm, mir und anderen Menschen Zuhause das auch beizubringen. Ich wollte aber nicht einfach nur mit weniger Verstand unterwegs sein und ihn boykottieren, ich beschäftigte mich eine Menge mit dem sogenannten Resonanzgesetz.

Das Gesetz der Resonanz besagt, dass du das, was du ausstrahlst, anziehst. Das war für mich schwer vorstellbar und so wollte ich wissen, ob das wirklich stimmt. Es ist zweifellos so, dass sich dieselben Energien anziehen. Jeder hat in seinem Umfeld mindestens einen sogenannten Pechvogel. Jemand, bei dem gefühlt an jedem Tag alles schiefläuft. Ist das ein Zufall? Nein. Es kommt darauf an, wie du in deinem Inneren gepolt bist. Wenn ich beispielsweise schlecht geschlafen habe, dann bin ich möglicherweise etwas dünnhäutig. Wenn ich so meinen Tag beginne, kann ich sicher sein, dass ich Menschen und Situationen anziehe, die darauf reagieren. Es ist kein Zufall, wem ich an diesem Tag begegne und was mir zustößt, denn ich selbst setze immer die Ursache für die Wirkung.

Ich nehme ein klassisches Beispiel von meiner Arbeit. Es ist meist so, dass ich und meine Arbeitskollegen sehr unterschiedliche Launen haben. Wir haben täglich viel Kundenkontakt und es ist super interessant zu beobachten, wer wie auf wen reagiert. Es passiert, dass ein Arbeitskollege mit einem Kunden in eine Diskussion gerät und eine gewisse Eskalationsgefahr besteht und wenn dieser Kunde daraufhin zu mir kommt, wir beide ein total nettes und harmonisches Gespräch führen. Auch, wenn wir vielleicht nicht immer verbal miteinander über unsere Launen kommunizieren, so vernehmen wir doch unbewusst die Energien, die von anderen ausgehen. Und damit sind wir schon am nächsten Punkt angekommen: Was haben eigentlich die Launen anderer mit mir zu tun? Kennst du die Antwort? Sie lautet: Gar nichts. Du darfst dich von dem Benehmen deiner Mitmenschen nicht beeindrucken lassen, egal, was sie auch machen. Jemand anderes kann es nicht schaffen, dich wütend zu machen, wenn du es nicht zulässt. Du allein entscheidest, wie es dir geht. Das Verhalten eines anderen hat nicht zwingend Einfluss auf deins. Du bestimmst das.

Erinnere dich daran zurück, als ich über Gefühlsregulation mit dir gesprochen habe. Uns begegnen permanent Situationen und Menschen, auf die wir keinen Einfluss haben. Wir können lediglich entscheiden, wie wir mit ihnen umgehen und das reicht völlig aus. Unser Problem ist, dass wir gerne bewerten und vieles persönlich nehmen. Ein Kunde steht vor mir und beschwert sich lauthals darüber, dass er nicht das kaufen kann, was er haben will und an dieser Stelle ist meine Reaktion ganz entscheidend. Wenn ich jetzt meinen Verstand von der Leine lasse, wird dieser sich empören und die Frage stellen „Wie kann dieser Typ mich so anbrüllen? Was fällt dem denn ein?“, aber wir wollen es ja besser machen. Wie bereits gesagt, ich bleibe ruhig und lasse mich von dem Benehmen nicht beeindrucken. Ich erkenne, dass dieser Kunde verärgert ist und seine Wut an mir herauslassen will. Davon kann ich ihn nicht abhalten und das ist auch nicht meine Aufgabe. Du musst verstehen, dass dein Gegenüber in dieser Situation ein Problem mit sich selbst hat und nicht mit dir, denn er ist derjenige, der bewertet, indem er sich aufregt. Er will sein vermeintliches Problem zu meinem Problem machen, und das lasse ich nicht zu. Denk zurück an den Schlüssel des Glücks: Wir akzeptieren, was ist.

Ich sehe insbesondere meine Arbeit auch heute noch als Trainingslager an. Ich kann mir garantieren, dass an Arbeitstag XY genau die Person oder auch Situation auf mich treffen wird, die ich brauche, um mich weiterzuentwickeln. Ich werde immer wieder auf die Probe gestellt und das ist gut so, denn dadurch erkenne ich meinen Fortschritt. Sei dir sicher, dass es immer jemanden geben wird, der versucht, seinen Stecker bei dir reinzustecken, um deine Energie abzuzapfen, aber das musst du nicht zulassen. Du bist nicht dafür verantwortlich, wie sich andere benehmen oder fühlen und du solltest es auf keinen Fall bewerten, denn damit machst du es zu etwas Persönlichem.

Es kann dir und mir egal sein, wie das Wetter morgen wird, was im Fernsehen läuft oder auf der Welt passiert, weil ganz ehrlich, wir können es doch nicht ändern. Und wenn wir die Situation nicht ändern können, dann ändern wir halt unsere Einstellung. Es zwingt mich keiner dazu, schlechte Laune zu haben, weil es regnet, oder mich aufzuregen, weil ich im Stau stehe, höchstens ich selbst. Viele von uns begeben sich gerne in die Opferrolle, denn das ist leicht. Wir neigen dazu, uns eher einen Grund zu überlegen, warum es uns nicht gut gehen kann, anstatt nach Anlässen zu suchen, die uns genau das Gegenteil bescheren. Auch hier müssen wir gewiss noch einmal Nachhilfeunterricht im Punkt Verantwortungübernehmen bekommen. Wenn es in Kanada schneit, gibt es niemanden, der die Straßen räumt, höchstens in den größeren Städten. Da müssen die Menschen den Schnee selbst wegschippen. Daheim geht man hingegen spazieren und achtet peinlichst darauf, wer seiner Pflicht nachkommt und hat die liebe Stadt oder der Herr Nachbar mal eine Straße oder Einfahrt vergessen, vom Schnee zu befreien, wird direkt überlegt, bei wem man sich beschweren und wen man dafür verklagen könnte. Es geht hierbei um dieselbe Ausgangssituation, nur handeln die einen eigenverantwortlich und die anderen setzen sich wieder ihren Würstchenhut auf. Und abgesehen davon, macht uns das Meckern sicher nicht zu zufriedeneren Menschen.

Wenn wir unglücklich sind, verwechseln wir meist Ursache und Wirkung. Mach dir klar, dass die Ursache immer du selber bist und die äußeren Umstände die Wirkung darstellen. Jeder von uns ist voller Energie, doch bleibt es uns allein überlassen, wie wir sie nutzen. Nun stelle dir vor, dass du jemanden fragst, wie es ihm geht und derjenige antwortet dir, dass er schlechte Laune hat, weil er an dem Tag früh aufstehen musste. In dem Moment begründet diese Person also ihre Gemütslage mit dem frühen Aufstehen. Das ist falsch, denn dabei vertauscht sie die Wirkung mit der Ursache. Die

Tatsache, dass sie früh aufstehen muss, ist wie sie ist und ob man deswegen folglich schlechte Laune bekommt, das bleibt jedem von uns selbst überlassen. Wir begründen unsere miese Stimmung häufig mit Faktoren, auf die wir gar keinen Einfluss haben. So gibt es genug Menschen, die schlecht gelaunt sind, weil es regnet und das stimmt nicht. Niemand schreibt dir vor, schlecht drauf zu sein, weil das Wetter nicht mitspielt oder der Job stressig ist oder die tausend anderen Gründe, die man gerne aufzählt, um seine Launen zu rechtfertigen. Dein Unterbewusstsein sollte so ausgelegt sein, dass du Launen unabhängig von den äußeren Umständen hast und nicht wegen dieser deine Laune daran anpasst. Das Prinzip von Ursache und Wirkung ist ganz einfach: Wenn du willst, dass Rosen bei dir im Garten blühen, dann musst du sie zuerst sähen. Wenn du den Samen einpflanzt, setzt du damit die Ursache und das Resultat wird eine Rose sein, also die Wirkung. Und jetzt überlege mal, wenn Selbstliebe die Ursache ist, was könnte davon dann alles die Wirkung sein?

Das Universum gibt dir genau das, was du mit deiner Energie anziehst. Es gibt keine Zufälle, denn das Universum funktioniert natürlich auch nach dem Prinzip von Ursache und Wirkung. Dir passieren ausschließlich Dinge, die du mit deiner Ausstrahlung anziehst, auch, wenn es manchmal schwierig zu verstehen scheint. Dabei geht es nicht unbedingt um das Ereignis als solches, sondern um das, was du aus dieser

Situation machst. Nehmen wir zum Beispiel einen typischen Schicksalsschlag. Stell dir vor, du bekommst total unerwartet die Kündigung in deiner Firma, verstehst das überhaupt nicht und bist völlig aus den Socken. Bislang warst du stets ausgerichtet auf Karriere und Profit, also vermögensorientiert und gleichzeitig hast du damit deine Familie (zeitlich) vernachlässigt. Zwar warst du in deinem Job der Profi, aber in deinem privaten Leben, wenn überhaupt nur ein Amateur. Sieh deine erhaltene Kündigung als Geschenk an und widme dich zukünftig umso mehr deiner Familie. Damit ist gemeint, dass alles, was dir geschieht, dir auch immer eine Chance bietet. Einen vermeintlich zufälligen Schicksalsschlag ohne Grund gibt es nicht. Betrachte ab sofort den Zufall als ein Geschenk in deinem Leben, das dir zufällt und bei dem du selbst entscheidest, was du daraus machst. Sei dir sicher, dass jeder Moment, jede Situation, jede Begegnung FÜR dich gemacht ist und stelle dir die Frage „Was soll mich dieser Moment, diese Situation, diese Begegnung lehren?".

Insbesondere die Momente, die du auf den ersten Blick gar nicht in deinem Leben haben willst und teils verfluchst, sind häufig die, die dich vor einer möglichen Katastrophe bewahren. Hast du schonmal von der „Burnt Toast Theory" gehört? Kannst du dich noch daran erinnern, als ich ganz am Anfang mit dir darüber gesprochen habe, dass wenn du beispielweise im Stau stehst, es gar nicht wert ist, dass du dich aufregst? Was ist mit der Überlegung, dass genau diese Situationen deine Schutzengel sind? Jeder von uns erlebt es regelmäßig, dass uns augenscheinlich ungünstige Momente dazwischenkommen, während wir dabei sind, uns an eine bestimmte zeitliche Vereinbarung zu halten. Sei es, dass wir keine Lust haben in der Kassenschlange zu warten, weil wir pünktlich zum Anpfiff das Fußballspiel im Fernsehen schauen wollen. Sei es, dass wir unsere Hose bekleckern, obwohl wir eigentlich auf dem Weg zu einer Verabredung sind. Sei es, dass die Omi vor uns im Straßenverkehr wieder viel zu langsam vor uns hertuckert. Oder wir werden krank, obwohl wir eigentlich zur Arbeit müssen oder einen Urlaub gebucht haben. All diese ungeplanten Umstände führen in der Regel dazu, dass wir langsamer und später zu unserem Ziel kommen, egal, was das auch ist. Nun finden wir das allermeistens nicht gut und fragen uns, warum das wieder ausgerechnet uns passieren muss. Warum quatscht mich ausgerechnet jetzt mein Nachbar an, obwohl ich es eilig habe, zu meinem Termin zu kommen? Wieso muss ausgerechnet jetzt Stau auf der Autobahn sein, obwohl ich pünktlich zur Arbeit muss? Auch, wenn wir uns die Frage meist dann gar nicht beantworten, gehen wir davon aus, dass uns diese Momente widerfahren, weil sie uns von einer geplanten Sache abhalten. Das stimmt, aber muss es denn auch zwingend so sein, dass wir einen Nachteil dadurch ziehen? Was ist mit dem Blickwinkel, dass dir solche unvorhersehbaren Situationen zustoßen, weil sie dich beschützen? Wäre der Stau nicht gewesen, hätte dich vielleicht jemand mit 200 km/h überholt und dabei totgefahren. Wären Mitarbeiter im damaligen World Trade Center am 9/11 nicht krank geworden, wären sie an dem Tag gestorben. Hätte der Kellner nicht so lange gebraucht, um dir die Rechnung zu bringen, wärst du vielleicht ausgeraubt worden. Ich kann dir natürlich nicht garantieren, dass die Warteschlange im Supermarkt, die Omi im Auto vor dir oder der Fleck auf deinem Oberteil immer gleich dein Schutzengel sind, aber der Gedanke daran, dass wirklich alles im Leben, das dir zustößt, auch für dich gedacht ist, ist doch viel angenehmer, als gleich davon auszugehen, du hättest Pech oder wärst wieder der auserkorene Blödmann, der im Stau steht. Freue dich darüber, dass du scheinbar warten sollst und vertraue darauf, dass alles zu deinen Gunsten passiert, auch, wenn du nicht gleich sofort den Sinn dahinter erkennst. Wenn du zukünftig in solch einer Situation bist, frage dich, wofür das Warten oder die Verzögerung gut sein könnte und gehe davon aus, dass sie bestenfalls dein Leben rettet. Mit dieser Sichtweise überlege ich mir mittlerweile zweimal, ob ich mich nun wirklich über die Omi, den Kellner oder Kassierer aufrege, denn vielleicht ist diese Person, die meine Pläne durchkreuzt, unwissentlich mein Beschützer.

Manchmal glaube ich, wir leiden alle an Cherophobie. In anderen Worten, wir haben Angst davor, glücklich zu sein. Was ist denn jetzt nun die Anleitung zum Glück? „Es gibt keinen Weg zum Glück, denn der Weg ist das Glück“. Für viele ein ganz schwieriger und unbegreifbarer Satz. Warum haben Menschen unterschiedlich Glück oder auch Pech? Was ist Pech? Bedeutet Pech nicht manchmal auch, Glück zu haben? Es gibt diese Glaubenssätze aus jungen Jahren, die zumindest mich, schwer geprägt haben. Ständig hört man „Wenn das so einfach wäre, dann würden es ja alle so tun“ und daran habe ich mich viel zu viele Jahre stets orientiert. Somit probiert man vieles gar nicht erst aus und weiß überhaupt nicht, wie leicht es tatsächlich doch sein kann, glücklich zu sein.

Für jeden von uns ist Glück etwas anderes und doch teilen wir meist den Grundgedanken, dass es immer in der Zukunft liegen muss und ich glaube, das ist uns gar nicht unbedingt bewusst. Wenn ich in drei Wochen Urlaub habe, bin ich glücklich. Wenn ich in fünf Jahren eine Familie habe, dann kann ich glücklich sein. Wenn ich in zwanzig Jahren in Rente gehe, dann bin ich glücklich. Dadurch, dass wir unser vermeintliches Glück immer an Konditionen knüpfen, machen wir es zu etwas Unerreichbarem. Ich kann auch heute schon glücklich sein und dafür brauche ich noch nicht einmal einen Grund. Wir sollten das Glück im Jetzt suchen, weil dadurch, dass wir entweder immer an die Vergangenheit oder auch an die Zukunft denken, leben wir viel zu selten in dem Moment, der gerade ist und um den geht es. Und wie viele Momente von denen, die uns angeblich glücklich machen sollten, haben wir bereits erlebt?

Wenn du diese Einstellung hast und auch wirklich lebst, dann wirst du erstens anders wahrgenommen und zweitens machst du ganz andere Erfahrungen. Richte dich positiv aus und nimm dir dafür deine Glaubenssätze zur Hilfe. „Mir werden heute Dinge passieren“ oder „Ich weiß noch nicht wie, aber es wird klappen“. Solche Sätze können dein Leben wahrhaftig verändern und das haben sie bei mir getan. Denke daran, dass wenn du deine Gegenwart genießt, in Zukunft eine schöne Erinnerung haben wirst. Auf Englisch heißt die Gegenwart „present“ und dieses Wort könnte man wiederum als das Wort „Geschenk“ übersetzen. Im Heute, im Hier und Jetzt zu sein, ist ein Geschenk, das die wenigsten von uns wirklich annehmen und schätzen.

Warum sind manche Krebspatienten so voller Lebensmut? Sie haben erkannt, dass sie akzeptieren und unweigerlich im Jetzt leben müssen. Nun sind wir nicht alle krebskrank, aber wir können uns das abschauen. Und wir haben eins gemeinsam: Unsere Zeit ist begrenzt. Wir wollen doch alle unser Leben in vollen Zügen auskosten, nicht wahr? Wir müssen aufhören, mit der ständigen Sorgen – und Gedankenmacherei, das ist nichts anderes als Selbstverletzung. Unser Kopf ist ein Allesfresser und wird niemals damit aufhören, solange wir ihn lassen.

Viele von uns wissen gar nicht, wie sie ihre negativen Gedanken aus dem Leben verbannen. Wir kauen immer wieder dasselbe Kaugummi, denn das meiste, worüber wir grübeln und nachdenken, sind wiederkehrende und unerledigte Dinge. Du hast das Zepter in der Hand und kannst entscheiden, ob du dir die Gedanken machen willst und wenn nicht, dann lass es doch bleiben. Manche Gedanken möchten ja vielleicht auch gar nicht gefangen werden, dann lass sie los. Wir grübeln ausschließlich über Dinge, die entweder schon passiert und sowieso nicht mehr änderbar sind, oder über die Zukunft, die noch gar nicht eingetroffen ist. Wir vergessen dabei die Gegenwart. Wenn du mich fragst, ich habe keine Lust mehr in einer Zeitmaschine zu sitzen, dessen Reise nie zu Ende sein wird und stattdessen will ich lieber aussteigen und im Hier und Jetzt leben. Es wird immer Situationen und Angelegenheiten geben, die du als schwierig bewertest, aber denk dran, du bewertest, dass sie schwierig sind, niemand sonst. Die Welt ist, wie sie ist und jeder von uns beurteilt individuell, ob er daran etwas schön, schlecht, einfach oder schwierig findet. Was für den einen kinderleicht erscheint, ist für jemand anderen unmöglich, aber wie wir die jeweilige Situation abstempeln, das bleibt uns ganz allein überlassen. Denk dran, dass du die Person „in charge“ bist und bestimmst, was dir passiert, wie du damit umgehst und wie du es folglich betrachtest.

Starte deinen Tag ab sofort mit den richtigen Impulsen. Was ist das Allererste, das du nach dem Aufstehen machst? Du musst wahrscheinlich deinen Wecker ausstellen. Mir machte es beispielsweise gute Laune, wenn ich morgens von „Love Generation“ von Bob Sinclair geweckt wurde. Mittlerweile bin ich inspiriert von den vielen Countrysongs, die ich schon gehört habe. Das Coole an Country ist, dass die meisten Lieder überaus fröhlich sind und dich praktisch dazu zwingen, gute Laune zu haben. Nimm dir doch mal die Zeit und suche dir auch einen Song heraus, der ähnliches in dir bewirkt, wie bei mir die Countrylieder.

Wir leben zweifelsfrei in einer Welt, in der die Verantwortung hin und her geschoben wird. Keiner ist schuld, niemand ist es gewesen und dadurch geht unser Pflichtbewusstsein verloren. Ich hatte in Kanada die Chance, mein Leben zu überdenken und das tat ich. Wildfremde Menschen teilten mit mir ihr Glück und brachten mir bei, rücksichtsvoller und eigenverantwortlicher durch mein Leben zu gehen. Ich lernte, dass man sich nicht für die Person entschuldigen muss, die man ist. Ich fand mein eigenes Glück inmitten der größten entlegenen Pampa, die man sich als zivilisierter Mensch vorstellen kann. Glück war für mich, zu frieren, zu hungern, zu stinken, in Tierfäkalien zu knien und ich war ganz sicher nicht glücklich wegen des Drecks, sondern trotz des Drecks. Ich lernte, dass ein Lächeln in einer heiklen Situation dazu führen kann, dass auf einmal gar nicht mehr alles so schlimm ist, wie ich befürchtete. Ich ging platonische Beziehungen ein, die ich wahrscheinlich bis an mein Lebensende behalten werde. Mir wurde beigebracht, dass es sich manchmal auch gut und befreiend anfühlt, sich gegen etwas zu entscheiden. Ich wurde gelehrt, dass das Leben ist, wie es eben ist und, dass man es genauso anzunehmen hat. Mir wurde klar, dass es sich lohnt, an meiner Selbstliebe zu arbeiten, sie rigoros zu verteidigen und es sich gut anfühlt, sich für sich selbst zu entscheiden. Ich werde mich immer daran erinnern, dass ich dort lernte, mein Leben zu lieben und, dass die schönen Momente weitaus mehr wert sind als die vermeintlich schlechten. Ich hoffe so sehr, dass ich dich inspirieren konnte, damit du fortan glücklicher und mit mehr Lebensqualität deinen Weg gehst. Mach deinen Mitmenschen Komplimente. Sei nett. Lass dich nicht unterkriegen. Steh zu deinen Überzeugungen. Sei kein blinder Mitläufer. Hör auf dein Herz. Halte an deinen Träumen fest. Leg hin und wieder dein Ego ab. Sei dankbar für die Menschen, die dich spiegeln und gib der Person hinter dir in der Schlange gelegentlich mal einen Kaffee aus.

Meine Erfahrungen ermunterten mich dazu, für mich ein Konzept zu erstellen, dem ich treu bleiben will und so entwickelte ich das „Doppelte-NORA-Prinzip". Ich fand es ganz passend, mir sowohl eine deutsche als auch eine englische Herleitung dafür zu überlegen, wonach ich leben möchte. So stehen die Buchstaben meines Namens für Wörter und Werte, die mir als Person wichtig sind: **N**eugier, **O**ffenheit, **R**ücksicht, **A**kzeptanz. Wenn ich mich daran halte, kann ich ziemlich sicher sein, dass ich ein erfülltes, abenteuerliches und glückliches Leben habe. Die kanadische Version lautet: **N**ever **O**bey **R**oads **A**bsolutely, was für mich heißt, dass ich niemals komplett einen mir vorgegebenen Weg laufen werde, sondern mein eigenes Ding mache. Und das ist meine Lebensmelodie. Was ist Deine?

Kapitel 12

Zünde dein Feuer an

Die meiste Zeit, die ich in Kanada verbrachte, war es kalt. Woran die meisten Kanadier zweifellos Spaß haben, ist Feuermachen. Ich würde sagen, insbesondere im Winter ist es eine ihrer Lieblingsbeschäftigungen. Nach einem langen Tag mit seinen Freunden, einem Bier und guter Musik vor einem warmen Feuer zu sitzen war super entspannend und gemütlich. Die Flammen strahlten so viel Wärme und Energie aus und verleiteten mich häufig dazu, in eine Art Trance zu verfallen. Ich blendete alles um mich herum aus und verlor mich in den vielen kräftigen Orangentönen, die empor in die Nacht stiegen und abrupt über mir im Himmel verschwanden. Ich hatte das Gefühl, je tiefer ich in das Flammenmeer hineinschaute, desto mehr übertrug sich diese immense Kraft des brennenden Feuers auf mich und meinen Körper. Ich fühlte mich stark. Es war eine meiner letzten Nächte, bevor ich wieder Nachhause fliegen musste, da machten wir ein besonders großes Feuer und dieses Feuer sprühte so gewaltige Funken, dass diese symbolisch auf mich übergingen.

Sein eigenes metaphorisches Feuer in sich zu tragen und für etwas zu brennen, egal was es ist, ist eine tolle Sache. Doch wie genau zünde ich mein Feuer denn überhaupt an? Ein richtiges Feuer muss man ja auch erst einmal zum Brennen bekommen und das ist manchmal gar nicht so einfach. Zuerst suche ich mir geeignetes Holz und trage alles auf einen Haufen zusammen. Das kann mitunter ziemlich lange dauern und anstrengend sein. Dann stehst du irgendwann vor deinem Holzhaufen und bekommst dein Feuer nicht an, weil es windig oder nass ist oder du gar kein Feuerzeug dabeihast. Du musst improvisieren, ausprobieren, Geduld haben und daran glauben, dass es irgendwann anfängt zu brennen. Nichts anderes ist es mit deinem bildlichen Feuer in dir drin und ich erzähle dir jetzt von meiner Definition des symbolischen Feuers.

Bitte tue mir einen Gefallen. Ich möchte, dass du für einen Moment mein Buch beiseitelegst und mit deinem Finger auf dich zeigst.

Wenn du zu der Mehrheit der Menschen gehörst, wirst du nun hinunter auf deinen Finger schauen und kannst genau beobachten, wo er hinzeigt. Entweder auf dein Herz oder deine Brust oder deinen Bauch. Dein Finger zeigt genau in deine Mitte und in dieser Mitte ist das, was uns ausmacht. Was dich zu dem Menschen macht, der du bist. Und genau da wollen wir jetzt dein Feuer entfachen.

Ich habe mir in meinem Leben schon vieles gewünscht. Ist davon alles in Erfüllung gegangen? Nein. Woran liegt das denn? Ich habe bereits versucht, dir die Macht des Universums vor Augen zu führen und will an dieser Stelle gerne genauer daran anknüpfen. Alles, was wir denken und sagen, erschafft auf irgendeine Weise unsere Zukunft. Nun ist es so, dass wir aber häufig zu ungenau äußern, was wir denn wollen und dass wir hin und wieder auch auf Anhieb gar nicht erkennen, wenn wir das bekommen, worum wir gebeten haben. Gehen wir davon aus, dass das Universum uns immer das gibt, wonach wir gerufen haben, dann wirst du ab jetzt dein Leben aus einer anderen Sicht betrachten, vertraue mir. Die Gesetze des Universums funktionieren nämlich immer, auch, wenn wir nicht an sie glauben oder sie noch gar nicht kennen.

Ich ging damals nach Kanada und hatte vorranging das Ziel, mich weiterzuentwickeln. Ich wollte selbstbestimmter, mutiger, entscheidungsfreudiger und bewusster durch mein Leben gehen. Naiv wie ich war, dachte ich wohl, das alles würde mit der Zeit einfach so passieren und übertrieben gesagt vom Himmel auf mich herunter fallen. Ich machte mir gar keine weiteren Gedanken darüber, was denn überhaupt für diese Persönlichkeitserweiterung oder wie man es nennen will, erforderlich war. Ich setzte mich damals keineswegs mit der Macht und Wirkung des Universums auseinander und hatte auch noch keine Ahnung, dass es sowas überhaupt gibt, aber trotzdem machte ich schon da Bekanntschaft mit ihm, denn auch bei mir funktionierte es hervorragend.

Ich wollte also mutiger werden und das hatte das Universum gehört. Ich wurde leider nicht über Nacht mutig, sondern ich geriet in zahlreiche Situationen, in denen ich mutig sein musste. Bereits in meiner aller ersten Woche machte ich Erfahrungen, die es erforderten, mutig zu sein. Ich war alleine Zuhause, meine Gasteltern waren beruflich unterwegs und ich ging raus auf die Veranda und spielte mit den Hunden. Urplötzlich wandten die Hunde sich von mir ab, da sie ein Geräusch hörten. Sie liefen bellend in Richtung Straße und schlugen Alarm. Kurz darauf kam ein Auto auf unser Grundstück gefahren. Ich hielt inne und wartete ab, bis sich die Fahrertür öffnete. Mehrere Frauen stiegen recht zielstrebig aus dem SUV aus und kamen auf mich zugelaufen. Sie stellten sich ganz höflich vor und erzählten mir von Gott und der Kirche und welchen Glauben sie hatten. Sie redeten sehr penetrant auf mich ein und wollten mich davon überzeugen, dass ich auch Teil ihrer Anhängerschaft werden sollte. Ich fühlte mich unwohl, denn ich hatte mit so einer Art von Begegnung bisher nie Bekanntschaft gemacht. Ich konnte mich daran erinnern, dass wir in Schulzeiten über Sekten und religiöse Gruppen geredet hatten und dass diese auch teilweise nicht ganz ungefährlich waren. Ich wurde nervös, weil ich nicht wusste, wie ich mich zu verhalten hatte. Es machte sich schon der Gedanke in mir breit, dass sie mich gegen meinen Willen mitnahmen und verschleppten, ohne, dass eine Menschenseele je davon mitbekommen hätte. Meine Gasteltern wohnten tief im Wald und hatten keine direktten Nachbarn und so hätte keiner von einem Kidnapping mitbekommen. So weit kam es zum Glück nicht. Als die Damen mit ihrer überzeugenden Rede fertig waren, war es still. Ich wusste, dass ich ihnen nun ganz eindeutig suggerieren musste, dass ich kein Interesse habe und sie wieder gehen sollten. Intuitiv machte ich mich groß vor ihnen und schlug ihnen mit lauter und tiefer Stimme das Angebot aus. Sie blieben freundlich und erwiderten, dass sie nochmal vorbeikommen würden, um zu schauen, ob ich mich nicht doch umentscheiden würde. Sobald sie mir den Rücken zukehrten, ging ich ins Haus und atmete tief durch. Ich war so froh darüber, dass ich mich ihnen gegenüber behaupten konnte und das war mir neu. Daraufhin gab es viele ähnliche Momente, in denen ich mein Mutigwerden trainieren konnte. Einen, den ich nicht vergessen werde, spielte sich bei Nate ab. Ich musste morgens raus, um die Tiere zu füttern. Es war noch stockdunkel und ich folgte nichtsahnend meiner Routine. Als ich am Schweinestall ankam, bemerkte ich, dass die Tiere unruhig waren, anders als sonst. Ich dachte mir nichts groß dabei, bis ich wieder auf dem Rückweg zum Haus war. Ich hatte meine Taschenlampe schon ausgemacht, da ich den Weg mittlerweile in und auswendig kannte und plötzlich sah ich nicht weit entfernt von mir diese Umrisse eines Tieres. Ich wusste, dass es keiner von den Hunden war und blieb augenblicklich stehen. Die Gestalt bewegte sich nicht und stand wie erstarrt vor mir. Es dauerte eine kurze Weile, bis ich begriff, dass ich einem Kojoten gegenüberstand.

Ohne zu überlegen, machte ich Lärm und verjagte ihn damit zum Glück schnell. Kojoten leben im Rudel und wo einer ist, sind meist mehrere. Zwar greifen sie in der Regel keine Menschen an, aber dennoch sollte man Respekt vor ihnen haben. Ich hatte gar keine Zeit dafür, Angst zu haben, auch bei dieser Begegnung musste ich mutig sein. Und so häuften sich diese Momente bei mir an, bis ich irgendwann definitiv und vor allem ganz stolz von mir selbst sagen konnte, dass ich mutiger geworden war. Wenn du also nun beispielsweise das Universum darum bittest, geduldiger zu werden, dann sei dir sicher, dass du nicht von heute auf morgen Geduld bekommst. Stattdessen wird dir das Universum Gelegenheiten und Möglichkeiten bieten, in denen du lernen darfst, ein geduldigerer Mensch zu werden. Wenn du vom Universum also einen Kuchen haben willst, dann wird nicht plötzlich eine Schokotorte vor dir auf dem Tisch stehen, sondern du wirst nacheinander die Zutaten dafür bekommen, mit dem du deinen Kuchen backen darfst.

Das Universum hört alles, was du sagst und denkst. Und das kann dir enorm schaden, wenn du dein Mindset (noch) nicht unter Kontrolle hast. Du musst dir genau überlegen, worum du bittest. Häufig fällt uns nämlich gar nicht auf, dass wir um etwas Schlechtes bitten, ohne, dass wir das überhaupt so wollen. Ich zum Beispiel betitele mich selbst gerne als Overthinker und musste feststellen, dass ich mir die meiste Zeit damit selbst schadete. Denn wir Overthinker denken eigentlich so gut wie nie über ein positives Outcome nach. Zumindest ich bin in den seltensten Fällen morgens aufgestanden und dachte mir: „OMG mir geht es so gut!“ oder „Wow, meine Beziehung läuft so toll!“ oder „Hilfe, ich verdiene zu viel Geld!“. Nein, wir Overthinker sind meist ausschließlich von unseren negativen Szenarien, die wir uns im Kopf ausmalen, überwältigt. Wir verfallen leicht in negative Denkmuster und in positive Denkmuster müssen wir uns erst aktiv hineinbewegen und damit wollte ich anfangen.

Bildlich gesprochen trug ich lange Zeit eine Laterne bei mir, die aber nicht leuchtete. Ich wartete wohl darauf, dass jemand kam und sie anmachte und das wird den allerwenigsten von uns passieren. Ich musste mich bewusst dazu entscheiden, mein Leben umzukrempeln und mein Mindset positiv zu verändern und das war gar nicht so schwer, wie ich zunächst dachte.

Wie ich bereits erwähnte, steckt für alles im Leben die Lösung bereits in uns drin. Es mag sein, dass wir nicht immer sofort einen Zugang zu ihr haben und manchmal ganz schön lange brauchen, um sie zu sehen, aber wir können ganz sicher darauf vertrauen, dass sie da ist. Daraus entwickelte sich für mich folgender Glaubenssatz: „I am capable and everything is figure outable“ und mehr brauchte ich vorerst nicht wissen. Ich versuchte die Dinge fortan aus einer anderen Perspektive zu sehen und das gelang mir nicht immer sofort. Einen Tag verbrachte ich mit Nate im Gewächshaus und wir wollten Gemüse pflanzen. Währenddessen unterhielten wir uns und ich erzählte ihm von meinen vermeintlichen Lebenskrisen daheim. Irgendwann unterbrach er mich und legte mir einen Pflanzensamen in die Hand. Ich schaute ihn fragend an. Er wollte von mir wissen, was wir mit diesem Samen machen. Ich war mehr als verdutzt, weil er doch wohl nicht wirklich eine ernsthafte Antwort darauf haben wollte. Er buddelte ein kleines Loch mit seinen Händen, nahm mir den Samen wieder weg, legte ihn in das Loch und schüttete Erde drüber. Sodann sagte er zu mir: „Wir verbuddeln den Samen nicht, weil wir ihn vergraben wollen, sondern, damit eine schöne Pflanze daraus wächst." Das war für mich zwar total einleuchtend, aber dennoch hatte ich es aus dieser Sicht noch nicht betrachtet. Natürlich muss ein Samen erst im Dunkeln sein, bevor er wächst und ans Tageslicht kommt und bei mir war es vielleicht nicht anders. Ich musste scheinbar auch erst dunkle Zeiten durchleben, damit ich wieder zum Licht fand und diese Metapher fand ich ziemlich schön. Ich betrachtete mich als Samenkorn und würde wachsen, also mich entwickeln. Ich benötigte Nährstoffe und so fragte ich mich, was ich denn brauchte um zu wachsen. Wie würde ich zu einer großen, schönen Pflanze werden? Ich machte den ersten Schritt und fing an, an mich zu glauben.

Im Nachhinein fragte ich mich oft, wieso ich denn nicht schon viel früher an mich glauben wollte. Wieso zweifle ich auch heute noch manchmal an mir? Zugegebenermaßen spielst du dabei eine Rolle. Nicht du persönlich, aber jeder Mensch der mir direkt oder auch indirekt begegnet. Was könntest du beispielsweise über mein Buch denken, das ich geschrieben habe und du gekauft hast und jetzt gerade liest? Es hat mich eine Menge Überwindung gekostet, mein Geschriebenes zu veröffentlichen und nun mit dir zu teilen, denn du könntest es möglicherweise nicht gut finden. Ich bin ein Fan von konstruktiver Kritik, aber auch an mir prallt nicht immer alles ab wie an einem Stein. Ich bin gerade dabei, meinen Weg zu gehen, mein erstes eigenes Buch mit dir zu teilen und dir damit hoffentlich den ein oder anderen für dich nützlichen Denkanstoß zu geben, aber trotzdem weiß ich auch um das Risiko, dass ich mich extrem transparent mache. Wir zögern so oft bei Chancen, die wir bekommen, nur, weil wir womöglich Sorge haben, uns vor anderen zum Depp zu machen oder es uns schlichtweg einfach zu wichtig ist, wie andere unser Leben dann doch bewerten. Obwohl es mir mittlerweile zum Großteil egal ist, was andere über mich denken, bleibt trotzdem ein kleiner Rest an Unsicherheit übrig, den Erwartungen anderer gerecht werden zu wollen. Wir sind nunmal eine Gesellschaft und haben heutzutage mehr Möglichkeiten denn je, uns miteinander zu vergleichen und das ist, was meine innerliche Flamme schon viele Male ausgepustet hat und dafür verzeihe ich mir.

Selbstbewusstsein zu haben bedeutet nicht, dass du davon überzeugt bist, dass alle dich mögen. Selbstbewusstsein ist, wenn du damit klarkommst, obwohl es nicht jeder tut. Ich arbeite jeden einzelnen Tag daran, mein Selbstbewusstsein aufrecht zu erhalten und es zu stärken. Trotzdem mache auch ich die Erfahrung, dass es extrem harte Arbeit ist. Was ist zum Beispiel, wenn ich von jemandem abgewiesen werde? Wie fühle ich mich dann? Vor Kurzem sah ich ein Video, das mich extrem inspirierte: Gehen wir davon aus, dass wir Menschen unter anderem das ablehnen, was wir uns nicht leisten können. Daraus entsteht die Schlussfolgerung, dass wenn mich jemand abweist, diese Person sich mich nicht leisten kann. Das heißt, ich bin nicht wertlos, sondern eigentlich unbezahlbar für sie. Das muss natürlich nicht wirklich die Realität sein. Klar ist es möglich, wenn ich von jemandem eine klassische Abfuhr bekomme, derjenige meinen Charakter nicht mag oder mich unattraktiv findet oder was auch immer dann sein Grund sein mag, mich abzuweisen. Aber die Vorstellung beim nächsten Mal zu haben, dass ich für denjenigen unbezahlbar bin, ist doch eine viel schönere, als wenn wir wieder anfangen, den Fehler bei uns selbst zu suchen, oder? Mit diesem Gedanken könntest du ja auch zum nächsten Vorstellungsgespräch gehen. Du musst dir bei einer Absage für deinen neuen Job nicht gleich denken, dass du nicht ausreichend abgeliefert hast oder zu schlecht gewesen bist, vielleicht hat dein Gesprächspartner auch einfach deinen Wert nicht erkannt und das ist völlig okay. Das kannst du auch niemandem übelnehmen. Wenn ich vor einem alten Gemälde stehe, das historisch total berühmt ist und einen hohen finanziellen Wert hat, dann kann ich rein gar nichts damit anfangen, weil ich keine Ahnung von Kunst habe. Der Wert einer Sache oder eben auch einer Person ist ganz subjektiv und wenn ich das nächste Mal eine Abfuhr bekomme oder eine Absage für ein Jobangebot, stelle ich mich halt bei jemand anderem vor. Manche Autos oder Immobilien sind schlichtweg zu teuer für eine bestimmte Person und so gibt es auch Menschen, die zu kostbar sind, als dass derjenige sie sich leisten könnte. Du kannst dir sicher sein, dass du einen Wert hast, nur sieht ihn eben nicht jeder oder derjenige kann deinen Preis nicht bezahlen, den du wert bist.

Deswegen habe ich aufgehört mich zu fragen, ob ich gut genug für andere bin. Lieber stelle ich mir mittlerweile die Frage, ob denn die anderen gut genug für mich sind. Wenn ich nicht aufpasse, lasse ich mir gelegentlich noch Dinge bieten, für die ich mir zugegebenermaßen zu schade bin. Dann muss ich mich selbst daran erinnern, dass ich Besseres verdient habe. Insbesondere beziehe ich das auf Interaktionen mit meinen Mitmenschen. Wie oft geraten du und ich beispielsweise in völlig dämliche Diskussionen, in denen wir lediglich versuchen, uns zu erklären und unseren Standpunkt deutlich zu machen und dann irgendwann merken, dass unser Gegenüber keineswegs versteht, wovon wir da überhaupt sprechen? Ich hatte die Erkenntnis, dass ich nicht davon ausgehen darf, dass mein Gesprächspartner zu gewissen Dingen im Leben genauso tiefgründig denkt und fühlt wie ich es tue. Ich verstehe vielleicht mein Gegenüber, aber das heißt noch lange nicht, dass er mich nachvollziehen kann oder will. Ich habe gelernt, dass Menschen dir immer nur auf der „Tiefe" begegnen können, in der sie sich mit sich selbst schonmal auseinandergesetzt haben. Ich darf ihnen keinen Vorwurf dafür machen, höchstens mir selbst, dass ich trotzdem die Erwartungshaltung an sie habe, dass sie mir auf derselben Höhe begegnen. Deswegen überlege ich auch bei Diskussionen mittlerweile vorher, ob ich einen gleichstarken Diskussionspartner habe und wenn dem nicht so ist, dann lasse ich ihn gerne gewinnen. Denn was bringt es mir denn, jemandem meinen Standpunkt klarmachen zu wollen, wenn er gar nicht in der Lage ist, ihn zu sehen? Grundsätzlich kannst du dich ja auch mal bei deinem nächsten Streit mit jemandem fragen, wofür du kämpfst, statt dich darauf zu fokussieren, worüber ihr streitet. Das ist ein beachtlicher Unterschied. Wenn ich beispielsweise mit meinem Bruder eine Auseinandersetzung habe, weil mich seine besserwisserische Art stört, dann streite ich ja nicht mit ihm, weil er mehr Wissen hat als ich, sondern, weil mich das womöglich dumm dastehen lässt. Ich kämpfe also in dem Fall um meinen Intellekt, der in dem Moment indirekt angezweifelt wurde. Wenn ich jemandem böse bin, weil derjenige mir nicht zum Geburtstag gratuliert hat, dann streite ich nicht wegen seiner Vergesslichkeit, sondern kämpfe dafür, dass ich eine gewisse Wichtigkeit im Leben der anderen Person haben möchte.

Die Währung mit der ich in meinem Leben bezahle, ist Aufmerksamkeit. Die Dinge und die Menschen, die mir wichtig sind und die mir etwas bedeuten, denen schenke ich meine volle Beachtung. Auch mir schenke ich eine Menge davon, aber es ist nicht immer gleich die richtige Art von Aufmerksamkeit. Jeder, der sich vor den Spiegel stellt, ist kritisch mit sich selbst. Auch ich habe mehr Tage, an denen ich mein Spiegelbild sehe und mir etwas nicht gefällt, als dass ich Tage habe, an denen ich an mir herunterschaue und zufrieden mit mir bin. Mir fällt es oft unglaublich schwer, kein negatives Wort in meine Richtung zu sagen oder keinen Gedanken daran zu verlieren, dass ich nicht perfekt bin. Wenn ich mit meinen Freunden so sprechen würde wie ich mit mir selbst manchmal rede, dann hätte ich heute wahrscheinlich keine mehr. Du bist dein bester Freund und so solltest du dich auch behandeln. Über deine Freunde würdest du doch auch kein schlechtes Wort verlieren und sie permanent anzweifeln. Eher würdest du für sie da sein, ihnen zuhören und ihnen an schlechten Tagen den Rücken stärken, oder? Dann mach das doch bei dir genauso.

Ich habe eine kleine Aufgabe für dich. Stelle dir vor, du gehst mit deinem besten Freund spazieren. Während eurem Spaziergang verliert er seine gesamte Erinnerung an dich und weiß nicht mehr wer du bist. Was wäre die erste Sache, die du ihm von dir nun erzählen würdest?

Ich habe noch eine weitere Frage an dich: Wann warst du eigentlich das letzte Mal dankbar für etwas? Während meiner Zeit in Kanada lernte ich, wie wichtig es ist, Dankbarkeit verspüren zu können. Ich war dankbar dafür, dass ich eine saubere Hose tragen durfte, dass ich ein warmes Abendessen hatte, dass mich meine Freundin Marisa vor dem Schlafengehen zum Lachen gebracht hat und das hatte eine riesige Auswirkung auf mein Wohlbefinden. Auch hier habe ich mir angewöhnt, dass ich mir mindestens einmal am Tag überlege, wofür ich dankbar bin. Das können die kleinsten Dinge sein und es kommt dabei überhaupt nicht darauf an, wofür du dankbar bist. Aber in dem Moment, in dem du Dankbarkeit verspürst, fokussierst du dich auf das Positive in deinem Leben und das ist ganz wichtig für unser (Unter)Bewusstsein. Was wir denken und fühlen formt unsere Wahrnehmung und wie wir die Welt sehen. Dabei stehen häufig gerne unsere vermeintlichen Probleme im Mittelpunkt und das bringt uns von unserem Weg ab, den wir gehen wollen. Erst dadurch, dass wir unseren Problemen so viel Beachtung schenken, machen wir sie so groß und das muss nicht zwingend so sein. Wir halten uns manchmal so lange mit ihnen auf, dass wir dabei vergessen, eine passende Lösung zu finden. Und dann irgendwann fangen wir an, die Lösung da draußen zu suchen, aber die Lösung ist immer schon in dir drin. In dem Moment, in dem dein Problem existiert, darfst du davon ausgehen, dass es auch schon eine Lösung gibt. Es gibt für so gut wie alles ein Gegenteil oder ein Gegenstück und obwohl du den Weg aus deinem Problem vielleicht nicht immer sofort sehen kannst, ist er trotzdem schon da. Wir müssen unserem Bewusstsein nur Zugang dazu verschaffen und das tun wir, indem wir offen sind. Du musst in dem Fall die Lösung mehr wollen als dein bestehendes Problem und das schaffst du nur, indem du deinen Fokus richtig setzt. Niemand zwingt dich dazu, dein Problem zu behalten, traurig zu sein, einen schlechten Tag zu haben oder an dir selbst zu zweifeln, das machst ganz allein du. Du bist der Verantwortungsträger für dein Leben.

Ich lernte in Kanada eine wundervolle Familie kennen und lebte fast zwei Monate bei ihnen. Hauptsächlich kümmerte ich mich um die Tiere auf der Farm, aber ich war auch zuständig für die drei Kinder. Ich spielte mit ihnen, kochte für sie und brachte sie abends ins Bett. Relativ am Ende meiner Zeit hatte ich einen Moment mit eines der Kids, den ich wohl nie vergessen werde und der mich bis heute sehr ergreift. Ich spielte mit der Elfjährigen fangen und brachte sie dabei zum Lachen. Plötzlich blieb sie stehen und ihre Gesichtsmimik veränderte sich schlagartig. Sie wirkte traurig und so fragte ich sie, was los war. Sie entgegnete mir, dass sie nicht will, dass ich sie und ihre Familie bald wieder verlasse. Ich versuchte sie aufzumuntern und darauf schaute sie mir nur tief in die Augen mit einem Lächeln und sagte „You`re so beautiful!“ Ich war verdutzt, denn zu dem Zeitpunkt hatte ich zwei Tage nicht geduscht und mindestens genauso lange nicht in den Spiegel geschaut und das war auch dann meine Antwort auf ihr Kompliment. Sie schüttelte lachend den Kopf und antwortete mir:“ I don`t mean your face. I am talking about your soul!“. Und sie zählte die vielen Momente mit mir auf, die sie mit mir mochte und was sie an mir mochte. Von einem Kind zu hören, dass ich eine schöne Seele habe, das war einmalig und es hat mir verdeutlicht, dass unser Inneres so viel mehr zählt und wert ist, als alles andere.

Wenn ich vor dem Spiegel stehe, dann gefällt mir entweder mein Bauch nicht oder die Pickel in meinem Gesicht, aber viel zu selten frage ich mich, wie mir denn eigentlich die Person gefällt, die in diesem Körper wohnt. Was mich ausmacht, ist nicht mein Bauch oder mein Kinn oder die Pickel auf meiner Stirn. Wer ich bin, das sitzt doch viel tiefer in mir drin und das sollte weitaus interessanter für mich sein, als mein Gesicht und mein Körper, oder? Wenn du unzufrieden mit deiner krummen Nase oder deinen Armen oder was auch immer bist, dann stelle dir doch mal die Frage, durch welche Zeiten dich deine unförmige Nase etc. schon begleitet hat. Mit ihr und trotz ihr hast du womöglich schon schwere Zeiten durchgestanden. Ich sage keinesfalls, dass du an deinem Körper nichts ändern sollst, wenn er dich stört oder du unzufrieden bist, aber gehe dennoch mal einen Schritt zurück und mache dir bewusst, was du schon alles geschafft hast. Wenn du das englische Wort für Körper ein bisschen anders aussprichst, dann heißt es nicht „body“, sondern „buddy“. Sieh deinen Körper als Freund und Kumpel an, der zu dir gehört und dich begleitet. Er macht mit dir die schönen, aber auch die schlechten Zeiten durch und du solltest immer wissen, was du an ihm hast.

Ich habe vor Kurzem einen alten Brief gefunden, den ich vor langer Zeit einem Jungen geschrieben habe, den ich total toll fand. In diesem Brief standen nur schöne Sachen drin, wie das eben ist, wenn man die rosarote Brille trägt und Hals über Kopf verliebt ist. Da stand nicht drin „Du hast viele Pickel im Gesicht und deine Arme könnten auch ein bisschen durchtrainierter sein“. Nein, da standen ausnahmslos positive Dinge drin. So kam ich auf die originelle Idee und habe mir daraufhin einen Liebesbrief an mich selbst geschrieben. So bekloppt ich mir dabei auch zuerst vorkam, es macht doch total Sinn, sich dafür die Zeit zu nehmen. Du solltest die Person sein, die du in deinem Leben am meisten liebst und das darfst du dir gerne mal so richtig eingestehen. Im Laufe des Schreibens sind mir immer mehr Stärken und Qualitäten eingefallen, die ich ehrlicherweise sogar sehr an mir mag, an die ich aber häufig gar nicht bewusst denke. Und so habe ich mir vorgenommen, dass wenn ich zukünftig wieder mal an mir zweifle, ich mir meinen Brief durchlese, um mich daran zu erinnern, wie wertvoll ich bin. Und das ist das Ende meines Briefes: … *Du darfst dir selbst am wichtigsten sein. In Liebe, dein Ich*

Danksagung

Das größte Danke widme ich meiner Familie, die immer für mich da ist, meine Stärken und Schwächen kennt und mich so nimmt, wie ich bin. Insbesondere Mama und Papa. Ihr glaubt ausnahmslos an mich und helft mir stets dabei, meine Träume und Ziele zu verwirklichen. Ich kann mir keine besseren Eltern wünschen und bin stolz darauf, Eure Tochter zu sein.

Auch danke ich meinem kleinen Bruder, der mir immer wieder zeigt, dass es nicht nur eine Betrachtungsweise im Leben gibt. Du bist mein härtester Diskussionspartner, mein größtes Vorbild und mein Favourite Human Being. Danke Akki, dass du immer auf mich aufpasst.

Ich danke meinen Freunden, die mich bisher auf meinem Weg begleitet haben und mein Leben mit Spaß, Abenteuer und unbezahlbaren Erinnerungen füllen. Ihr unterstützt mich, gebt mir Arschtritte und seht in dunklen Zeiten ein Licht in mir, wenn ich es nicht kann.

Genauso danke ich meinen kanadischen Freunden, insbesondere der Familie Hogenkamp. Ihr habt mich mit so viel Herzlichkeit und Wärme bei euch aufgenommen und mir gezeigt, worauf es im Leben wirklich ankommt. Mit Euch hatte ich die schönsten und unvergesslichsten Zeiten, die ich mir niemals hätte erträumen können. Ihr seid einfach awesome!

Aus tiefstem Herzen danke ich Amos, dem Hund, der mich gelehrt hat, wie wichtig es ist, in meinem Leben Grenzen zu setzen. Dass es bedingungslose Liebe da draußen gibt und, dass jeder Sonnenaufgang ein neues wunderbares Abenteuer für mich bereithält. Ich denke jeden Tag an dich Buddy.

Ich danke mir selbst, dass ich mutig genug war, mein Leben so anzunehmen, wie es ist.

Und zum Schluss danke ich meinen unzähligen „Ruhestörern", wie ich sie gerne nenne. Ihr testet mich jeden Tag aufs Neue, fordert mich heraus und schenkt mir die Möglichkeit, an meinen Schwächen zu arbeiten und an ihnen zu wachsen. So will ich mir trotz größter Selbstbeherrschung mein Schmunzeln nicht verkneifen, wenn ich im Straßenverkehr ein Auto mit dem Kfz Kennzeichen ME vor mir habe. Ihr seid die Besten und das wisst ihr ja auch, ne Leon?!

Printed in Poland
by Amazon Fulfillment
Poland Sp. z o.o., Wrocław

53015053R00109